改革开放以来社会主义核心价值观的培育和践行

张美君 著

天津社会科学院出版社

图书在版编目（CIP）数据

改革开放以来社会主义核心价值观的培育和践行 / 张美君著. -- 天津 : 天津社会科学院出版社, 2021.1
ISBN 978-7-5563-0690-9

Ⅰ. ①改… Ⅱ. ①张… Ⅲ. ①社会主义核心价值观－研究－中国 Ⅳ. ①D616

中国版本图书馆 CIP 数据核字(2020)第 256828 号

改革开放以来社会主义核心价值观的培育和践行
GAIGE KAIFANG YILAI SHEHUIZHUYI HEXINJIAZHIGUAN DE PEIYU HE JIANXING

出版发行：天津社会科学院出版社
地　　址：天津市南开区迎水道 7 号
邮　　编：300191
电话/传真：（022）23360165（总编室）
（022）23075303（发行科）
网　　址：www.tass-tj.org.cn
印　　刷：北京盛通印刷股份有限公司

开　　本：787×1092　毫米　1/16
印　　张：10.25
字　　数：164 千字
版　　次：2021 年 1 月第 1 版　2021 年 1 月第 1 次印刷
定　　价：68.00 元

天津市哲学社会科学基金后期资助项目“改革开放以来
社会主义核心价值观培育和践行历程研究”
（项目编号 TJHQ17－10）成果

目　录

导　言

为实现中华民族伟大复兴
构筑强大精神力量

每个走向复兴的民族，都离不开价值追求的指引；每段砥砺奋进的征程，都必定有精神力量的支撑。一个民族的复兴，既需要强大的物质力量，也需要强大的精神力量。没有先进文化的积极引领，没有人民精神世界的极大丰富，没有民族精神力量的不断增强，一个国家、一个民族不可能屹立于世界民族之林。我国已经踏上全面建设社会主义现代化国家新征程，再有三十年，经过党和人民的团结奋斗，中国将成为一个社会主义现代化强国，中华民族伟大复兴的梦想将变为现实。同时，我们也必须清醒地认识到，我国全面建设社会主义现代化的环境是复杂的，世界正处于百年未有之大变局中，我国正处于转变发展方式、优化经济结构的关键时期，形势环境变化之快、改革发展稳定任务之重、矛盾风险挑战之多、对我们党治国理政考验之大，前所未有。越是艰难，越需要积极培育和践行社会主义核心价值观，培养能够担当民族复兴大任的时代新人，以汇聚和激发十四亿人的磅礴力量。

一、社会主义核心价值观是当代中国精神的集中体现

党的十九大报告明确指出："社会主义核心价值观是当代中国精神的集中体现，凝结着全体人民共同的价值追求。"这一重要论断，既是对十八大以来培育和践行社会主义核心价值观实践的经验总结，也是对培育和践行社会主义核心价值观深层次问题的理论突破。十八大以来，培育和践行社会主义核心价值观在宣传引导、实践养成、制度保障等方面全面推进，社会主义核心价值观得到广泛弘扬。

中国精神包括以爱国主义为核心的民族精神和以改革创新为核心的时代精神，这种精神是凝心聚力的兴国之魂、强国之魂。中国精神贯穿于中华民族五千年的历史中，积蕴于近现代中华民族的复兴历程中，特别是在中国的快速崛起中迸发出来的具有很强的民族集聚、动员与感召效应的精神及其气象，蕴含着中华文化的精神标识，彰显着中华民族的精神面貌。新时代弘扬中国精神，就是在习近平新时代中国特色社会主义思想指导下，通过培育和践行社会主义核心价值观，把全体人民凝聚在一起，形成共同认可的价值追求、共同遵守的价值原则，将个体的力量汇聚到全面建设社会主义现代化的实践活动中。

二、社会主义核心价值观的生命在于实践

知者行之始，行者知之成。培育和践行社会主义核心价值观，认知、认同是基础，付诸行动是关键。核心价值观的生命在于实践，伟力也藏于其中。习近平强调："一种价值观要真正发挥作用，必须融入社会生活，让人们在实践中感知它、领悟它。要注意把我们所提倡的与人们日常生活紧密联系起来，在落细、落小、落实上下功夫。"[①]习近平总书记的科学论述，强调了培育和践行社会主义核心价值观的重要特征，深刻揭示了社会主义核心价值观的实践内涵和要求。

社会主义核心价值观在本质上是实践的，其根本生命力也在于其实践性。社会主义核心价值观在中国特色社会主义建设的伟大实践中形成和发展，同时也以指导和推动中国特色社会主义发展为根本目的。社会主义核心价值观的实践既包括培育活动，也包括主体的践行活动，既贯穿于社会主义核心价值观的培育全过程，也贯穿于人们以社会主义核心价值观为指导的行动全过程。培育和践行社会主义核心价值观的过程是实践的，其途径和形式

① 《习近平谈治国理政》第一卷，外文出版社 2018 年版，第 165 页。

丰富多彩,融入社会主义建设各个领域。

良好政策是培育和践行社会主义核心价值观的有力导向,制度机制是强力支撑,法律法规是重要保障。党的创新理论在培育和践行社会主义核心价值观中发挥了理论武装先导作用。培育和践行社会主义核心价值观,要构建全方位的宣传教育格局,积极主动融入国民教育全过程,充分发挥新闻媒体的主渠道作用,切实增强先进典型的感召力。培育和践行社会主义核心价值观,要注重润物无声的文化熏陶,从中华优秀传统文化、革命文化中汲取营养,以当代优秀文化精品育人、化人。要不断创新培育和践行的实践载体,营造风清气正的网络空间。要着力推动重点人群建设,充分发挥党员干部的模范带头作用和青少年的生力军作用。最后,培育和践行社会主义核心价值观还要与解决人民群众日常关切的问题相结合,这是培育和践行社会主义核心价值观是否见成效的关键因素。培育和践行社会主义核心价值观必须进一步使社会主义核心价值观具体化为操作性强的日常行为规范,必须积极回应人民群众日常生活关切的问题,让人民群众在切身利益得到维护中认同社会主义核心价值观。

三、社会主义核心价值观在改革开放进程中培育和践行

四十多年前,正是基于对党和国家前途命运的深刻把握,基于对社会主义革命和建设实践的深刻总结,基于对时代潮流的深刻洞察,基于对人民群众期盼和需要的深刻体悟,我们党抓住历史变革机遇,把中国推入了改革开放的历史进程。在改革开放的过程中,中国共产党通过不断探索,回答了什么是社会主义、怎样建设社会主义,通过什么的路径、实现怎样的发展,新时代坚持和发展什么样的中国特色社会主义、怎样坚持和发展中国特色社会主义等一系列问题。社会主义核心价值观在对这些问题的回答和探索中逐步清晰和明确,社会主义核心价值观的培育和践行也在推进精神文明建设、社

会主义先进文化建设、社会主义意识形态建设等实践中逐步展开，并取得了丰富的成果。同时，改革开放实践中也出现了许多新的思想观念和道德行为问题，为应对这些问题，我国始终保持勇于革新和创造的态度，不断汲取人民群众的创造性经验，不断融入反映人民群众根本利益的价值理念，不断赋予社会主义核心价值观新的理念要求和实践要求，不断探索培育和践行社会主义核心价值观的途径、形式和载体，这一过程积累了宝贵的经验。

中国的社会主义建设和改革开放是前无古人的崭新事业，没有谁提供给中国现成的经验可以借鉴，只能在不断实践中探索前进，在总结经验中把握规律，积小胜为大胜。四十多年的改革开放，中国经济快速发展，综合国力显著提高，人民生活明显改善，中国道路在世界上创造了“中国奇迹”，既奠定了中华民族伟大复兴的条件，也夯实了全国人民共同奋斗的思想基础，形成了整个社会的共同价值追求。生发于实践的社会主义核心价值观，由此成为人民群众践行具体价值目标的理论引导，成为聚合社会正能量，引导和推动社会发展的精神动力。

在全面建设社会主义现代化新征程中，积极培育和践行社会主义核心价值观，弘扬中国精神，增强文化自信，对于巩固马克思主义在意识形态领域的主导权和话语权，巩固全党全国人民共同奋斗的思想基础，汇聚实现中华民族伟大复兴中国梦的强大精神力量，推动社会主义从基本实现现代化到全面建成社会主义现代化强国，都将具有重大的现实意义和深远的历史意义。所以，系统梳理改革开放以来社会主义核心价值观培育和践行的历程，总结经验，揭示规律，不仅具有理论意义，也具有实践意义。

第一章　探索：
中国特色社会主义开创时期
社会主义核心价值观的培育和践行

中共十一届三中全会的召开，开启了以改革开放为鲜明特征的社会主义现代化建设新时期，从此中国毫不动摇地坚持和发展中国特色社会主义。社会主义核心价值观作为中国特色社会主义文化的重要内容，在中国特色社会主义开创时期就受到高度重视。我们党开始思考改革开放环境下社会主义核心价值观培育和践行的问题与任务，开始提出社会主义精神文明建设的理论新认识，探索实践新形式。社会主义核心价值观培育和践行的基本原则、主要内容、重要途径逐渐明晰。中国特色社会主义开创时期，社会主义核心价值观的培育和践行主要是融入精神文明建设、思想政治教育、党风建设等活动之中。

一、建设高度的社会主义精神文明

（一）社会主义精神文明建设的理论初探

1982 年 9 月，党的十二大将社会主义精神文明建设作为基本任务，比较全面、系统地论述了社会主义精神文明建设的战略地位、主要内容，以及社会主义物质文明和精神文明的辩证关系等一系列重大问题。中共十二届六中全会又根据改革开放以来精神文明建设的成就和面临的问题，通过了《中共中央关于社会主义精神文明建设指导方针的决议》，进一步阐述了社会主义精神文明建设的战略地位，明确根本任务，丰富建设内容，这是中国共产党制定的第一个关于社会主义精神文明建设的纲领性文件，为加强社会主义精神文明建设提供了科学指导。

精神文明建设关系社会主义的兴衰和成败。精神文明和物质文明在社会主义现代化建设中关系密切。物质文明建设是社会主义精神文明建设不可缺少的基础。社会主义精神文明对物质文明建设不但起到巨大的推动作用,而且保证物质文明建设正确的发展方向。两种文明建设,既互为条件,又互为目的。两个文明都搞好,才是社会主义。社会主义精神文明是社会主义的重要特征,是社会主义制度优越性的重要表现。

社会主义精神文明建设的根本任务,是适应社会主义现代化建设的需要,培育有理想、有道德、有文化、有纪律的社会主义公民,提高整个中华民族的思想道德素质和科学文化素质。社会主义精神文明建设大体可以分为文化建设和思想建设两个方面。这两方面是互相渗透和互相促进的。文化建设指的是教育、科学、文学艺术、新闻出版、广播电视、卫生体育、图书馆、博物馆等各项文化事业的发展和人民群众知识水平的提高,它既是建设物质文明的重要条件,也是提高人民群众思想觉悟和道德水平的重要条件。除此之外,文化建设也应当包括健康、愉快、生动活泼、丰富多彩的群众性娱乐活动,使人民在紧张劳动后的休息中,得到有高尚趣味的精神上的享受。思想建设决定着我们的精神文明的社会主义性质。思想建设的主要内容是,用共同理想动员和团结全国各族人民。建设中国特色的社会主义,把我国建设成为高度文明、高度民主的社会主义现代化国家,这就是现阶段我国各族人民的共同理想。

建设社会主义精神文明,是全党的任务,是各条战线的共同任务。党的思想建设是全社会精神文明建设的支柱,共产党员应当首先在思想道德方面起模范作用。思想政治工作者、各种文化和科学工作者以及各级各类学校的教育工作者,在建设社会主义精神文明中担负着特别重要的责任。

精神文明建设的主要内容和形式。首先,要在干部和青年中加强马克思列宁主义、毛泽东思想的教育,加强祖国历史特别是近代史的教育,加强党的纲领、党的历史和党的革命传统的教育,同时要在各行各业加强职业责任、职业道德、职业纪律的教育。其次,广泛开展建设精神文明的群众性活动,学校制定学生守则,企业制定职工守则,城市制定文明公约,农村制定乡规民约,各行各业制定职业公约。

(二)开展文明礼貌活动

中国特色社会主义开创时期,我国精神文明建设面向全体人民所开展的一项重要工作是以讲文明、讲礼貌、讲卫生、讲秩序、讲道德和心灵美、语言美、行为美、环境美为主要内容的“五讲四美”文明礼貌活动。这项活动的开展,对于当时在国民经济调整中改善人与人之间的关系,维护社会的安定团结,恢复和发扬我国良好的社会风气,激励人们同心同德克服困难,搞好社会主义现代化建设,促进青少年一代的健康成长,有着重要意义。这项活动也体现了社会主义精神文明建设从大处着眼、小处着手的实践形式。

“五讲四美”活动,以及“全民文明礼貌月”活动、学雷锋、义务劳动、整顿交通秩序、卫生运动、青年服务队、大中小学的学生守则、工矿企业的职工守则、服务行业的服务公约、农村的乡规民约、科技工作者的科学道德规范等,都是我国人民在建设社会主义精神文明中创造的具体活动方法和形式。这些为我们依靠和发动群众建设社会主义精神文明提供了有益的经验。

二、培育“四有”新人

社会主义现代化需要什么样的人来建设,这是关系社会主义生死存亡的根本问题。邓小平曾强调:“中国的事情能不能办好,社会主义和改革开放能不能坚持,经济能不能快一点发展起来,国家能不能长治久安,从一定意义上说,关键在人。”[①]培育“四有”新人成为社会主义精神文明建设的根本任务。

(一)“四有”新人的提出过程

1980年5月26日,邓小平在书赠《中国少年报》和《辅导员》杂志时指出:“希望全国的小朋友,立志做有理想、有道德、有知识、有体力的人,立志为人

① 《邓小平文选》第三卷,人民出版社1993年版,第380页。

民作贡献,为祖国作贡献,为人类作贡献。"这是邓小平第一次以"四有"的形式凝练出社会主义新人的要求。1982年7月,邓小平在中央军委座谈会上的讲话中说:"搞社会主义精神文明,主要是使我们的各族人民都成为有理想、讲道德、有文化、守纪律的人民。"这一次增加了"守纪律"的内容,而且将培育对象覆盖到全体人民。1985年3月在全国科技工作会议上的讲话中,邓小平特别提醒,在建设具有中国特色的社会主义时,一定要坚持发展物质文明和精神文明,坚持"五讲四美三热爱",教育全国人民做到有理想、有道德、有文化、有纪律。这也标志着邓小平"四有"新人的育人思想正式形成。1986年,中共十二届六中全会通过了《中共中央关于社会主义精神文明建设指导方针的决议》,规定了培育"四有"新人是社会主义精神文明建设的根本任务。

(二)"四有"新人的科学内涵

"四有"新人是在改革开放新的历史条件下人的培养的科学价值选择,内涵丰富,是相互联系、相互促进的有机整体。

有理想。一是要树立共产主义的远大理想,社会主义事业的最终目的就是实现共产主义的伟大理想。共产主义理想是中国共产党领导人民进行艰苦卓绝的革命和建设,战胜千难万险的精神支柱。为了实现共产主义的远大理想,多少人献出了宝贵的生命。虽然我国还处于社会主义初级阶段,实现共产主义还需要几代、十几代,甚至几十代人不断奋斗,越是困难、越是长远,越需要坚定共产主义理想信念,保证社会主义的建设方向。树立共产主义的远大理想是一条真理,是一个信仰的选择,它反映人民的美好愿景与期待,它符合社会历史的客观发展规律。二是要树立实现社会主义现代化的共同理想。共产主义的实现是一个漫长的历史过程,既不是一蹴而就的,也不能操之过急,需要经过几代,甚至几十代人的共同努力,现阶段就是要将实现社会主义现代化作为支撑远大理想的现实目标。这就需要全国各族人民团结一致,共同为了社会主义现代化的实现而坚持不懈,努力奋斗。有理想是远大理想和现阶段共同理想的有机统一。

有道德。有道德是在中国道德文明之上,造就具有社会主义道德和共产主义道德的新人。改革开放打开了国门,国外的价值观念必然会随着经济交流而进入中国。对外开放政策实施执行得越深入、越全面，经济诱惑等道德问题就越突出，这种情况下尤其要提倡社会主义道德，特别是党的高级干部更要发扬大公无私、服从大局、艰苦奋斗和廉洁奉公的精神，身体力行共产主义思想和共产主义道德，用共产主义道德约束自己的言行。社会主义道德是以马克思主义世界观为指导，由无产阶级在革命斗争中自觉形成的道德，代表无产阶级和广大人民群众的根本利益和道德诉求，体现为一种革命精神。关于社会主义道德的认识更加客观，一是认为社会生活中人们的道德水平存在客观差异，应按照不同层次确定道德标准，进行道德建设；二是把"全心全意为人民服务"定为社会主义道德的最高要求；三是有道德的社会主义公民应该遵守个人利益服从集体利益、局部利益服从整体利益、暂时利益服从长远利益的原则。

有文化。有文化就是有科学技术和文化知识。科学技术和文化知识，既是培养社会主义合格接班人和可靠建设者的基础保障，也是建设社会主义现代化国家和实现共产主义远大理想的前提条件。社会主义新人在科学技术和文化素养上的提升，是中国在改革开放初期接受的一项重要任务。"有文化"的育人观点分为三个层面。一是干部选拔要注重文化水平。改革开放初期，党和政府的各级领导岗位急需具有现代化知识的干部，有文化特别指的是有现代化知识，包括经济、管理、科技、教育等许多领域的知识。所以，这一时期的干部选拔标准是"革命化、年轻化、知识化、专业化"。二是对青年的教育要提倡刻苦钻研，提升知识技能。青年人要努力学习各种劳动本领，以学习马克思列宁主义来提升自己的思想觉悟，不断提高自己的文化知识和科学技术水平。同时青少年要具有勤奋学习、遵守纪律、热爱劳动、助人为乐、艰苦奋斗、英勇对敌的革命风尚。从而源源不断地培养出忠于国家、忠于人民的具有坚定革命信仰的优秀知识型人才。三是注重科学研究，推动科学发展。高校在培养"有文化"方面担当重责，高校要提升科研能力，承担科研任务，理科、工科、农科和医科等各个领域的科研要以问题为研究方向；文科要用马克思主义观点研究经济、历史、政治、哲学和文学等，强化我国的基础科学和应用科学，这是对"有文化"的更深层次要求。

有纪律。有纪律是指树立公民的法律观念，自觉地遵纪守法。有纪律的育人要求是中国共产党在近代中国的屈辱兴衰和中国共产党开天辟地的革命事业中深刻思考体会得来的。从社会主义事业稳定发展来讲,需要法律来规约。走中国特色社会主义道路,建设社会主义现代化,首先要有一个有利于发展和改革的和谐、团结的政治基础和稳定局面,要有令行禁止、有秩序的政治领导力量,这就需要纪律。提倡有理想、有道德、有文化、有纪律,其中,有理想、有纪律最为重要,现代化的发展就是要有纪律、有秩序地进行。从党员自身规范和要求来讲,需要纪律来监督。纪律和自由是对立统一的关系,二者缺一不可,理想要靠纪律才能实现。因此,共产党员要以严格遵守党的纪律为最高标准,这也是作为一名党员真正维护和坚决执行党和国家政策的表现。为了培育有纪律的新人,必须开展普法宣传活动。1985 年 11 月 5 日,中共中央、国务院批转中共中央宣传部、司法部《关于向全体公民基本普及法律常识的五年规划》,此后,大规模普及法律常识的宣传教育活动在全国普遍开展起来。

三、坚持四项基本原则,广泛开展思想政治教育

改革开放初期,一些人在党内外散布形形色色的资产阶级和其他剥削阶级腐朽没落的思想,煽动对社会主义、共产主义事业和对共产党领导的不信任情绪等,扰乱了人们特别是青少年的思想,造成了青少年思想混乱并产生消极情绪。针对这种现象,党和国家坚持四项基本原则,广泛开展思想教育活动。

(一)坚持四项基本原则

有一部分理论工作者,对于社会主义现代化建设实践中提出的种种重大理论问题缺乏兴趣,不愿意对现实问题进行调查和研究。在对现实问题的研究中,也产生了一些背离马克思主义方向的情况。一些研究不是鼓励人们积极投身社会主义现代化建设,而是批评、怀疑和否定社会主义,使人们对社会

主义、共产主义的前途失去信心。文艺界出现了“一切向钱看”的歪风，把精神产品商品化，向社会输入低级趣味的文化产品。尽管这些现象只是少数，但是这些错误言论在人民中混淆是非界限，造成消极涣散、离心离德的情绪，腐蚀人们的灵魂和意志，助长形形色色的个人主义思想泛滥，甚至出现了怀疑和否定社会主义和党的领导的言论。

面对以上种种错误言论，我们必须毫不动摇地坚持四项基本原则，即坚持社会主义道路，坚持人民民主专政，坚持共产党的领导，坚持马克思列宁主义、毛泽东思想。四项基本原则是中国人民长期艰苦奋斗，探索救国道路的产物，是我们不可动摇的立国之本。每一个党员、党的思想政治工作者，都应做坚持和宣传四项基本原则的模范，绝不允许在这个根本立场上有丝毫动摇。

在整个改革开放的过程中，必须始终坚持四项基本原则，这是一项十分重大的任务，既是重大的政治任务，也是重大的理论任务。坚持四项基本原则，为中国特色社会主义事业发展提供根本保障。

（二）广泛开展思想政治教育

开展思想政治教育，对象广泛，包括学生、工人、农民、军人等。

学生是被重点关注的教育对象。我国先后发布《中共中央关于改进和加强高等学校思想政治工作的决定》和《中共中央关于改革和加强中小学德育工作的通知》。对高校学生的要求是：应当有坚定正确的政治方向，爱祖国、爱社会主义，拥护共产党的领导，努力学习马克思主义；应当热心于改革和开放，有艰苦奋斗的精神，努力为人民服务，为实现具有中国特色的社会主义现代化而献身；应当自觉地遵纪守法，有良好的道德品质；应当勤奋学习，努力掌握现代科学文化知识。中小学德育工作的基本任务是：把全体学生培养成为爱国的具有社会公德、文明行为习惯的遵纪守法的好公民。在这个基础上，引导他们逐步确立科学的人生观、世界观，并不断提高他们的社会主义思想觉悟，使他们中的优秀分子将来能够成长为坚定的共产主义者。中小学德育要以爱祖国、爱人民、爱劳动、爱科学、爱社会主义为基本内容，注意抓好爱国主义教育、集体主义教育、社会主义民主和遵纪守法的教育和劳动教育。

加强企业职工思想政治工作是发展社会主义经济的重要保证。中共中央、国务院于1981年2月发出《关于加强职工教育工作的决定》,明确职工教育的基本内容是:在政治思想方面,要教育职工有共产主义理想,提高广大职工的社会主义觉悟;要树立主人翁责任感,培养高度的事业心,爱护国家财产,敢于和贪污浪费现象作斗争;要加强劳动纪律,克服落后思想和不良作风,不断发挥职工的积极性、主动性和创造性。随后,《国营企业职工思想政治工作纲要(试行)》发布,其中详细规定了职工思想政治教育的意义、根本任务、基本内容等。企业职工思想政治工作的根本任务,是通过对企业全体职工进行共产主义思想体系的教育,提高他们对本阶级所处的历史地位和历史责任的正确认识,增强他们认识世界和改造世界的能力。通过爱国主义、集体主义、社会主义、共产主义的教育,使广大职工对社会主义制度的优越性充满信心,对党的领导充满信心,对马克思主义充满信心,对我国由穷变富、必将成为世界第一流的现代化国家充满信心;增强做一名伟大的社会主义中国公民的自豪感,增强做中国工人阶级光荣一员的自豪感,增强做现代化建设主力军的自豪感。企业职工思想政治工作的基本内容,大体上可以分为两部分:一是比较系统的爱国主义、集体主义、社会主义、共产主义的思想教育;二是日常的思想政治教育。这两部分教育,都应遵循四项基本原则,相互联系,紧密配合。系统教育,是为了从根本上提高工人阶级的阶级觉悟。为了实现这一要求,各企业首先组织青年职工学习以下三门课程:(1)中国近代史,进行热爱祖国、热爱社会主义、热爱共产党的教育;(2)科学社会主义常识,进行社会主义制度优越性和社会主义各项原则的教育;(3)中国工人阶级,进行中国工人阶级的历史地位、历史责任和优良传统的教育,进行做一个有觉悟的工人阶级成员的教育。在完成上述三门课程教育的基础上,各企业可根据本单位的实际情况,再组织职工有计划地学习一些课程。这些课程应根据职工的文化程度和思想理论水平的高低,分别提出不同层次的要求,通过多种形式和渠道分若干年学完。

改革开放初期,我国人口中大部分是农民,对农民的思想政治教育也不可忽视。1983年1月,中共中央印发《关于加强农村思想政治工作的通知》(以下简称《通知》)。《通知》提出,要逐步提高农民的政治、思想觉悟,使人人争做有理想、有道德、有文化、守纪律,爱祖国、爱社会主义、爱党、爱集体的社会主义农民，团结一致，为实现全面开创社会主义现代化建设的新局面，奋发工作。《通知》提出，今后除了经常的思想政治工作以外，每年冬春，都要在农村进行一次集中的教育。对农民进行思想政治教育的新方法，主要有：(1)通过制订乡规民约，开展建立文明村、文明家庭活动，改变村风村貌。增强村民团结、家庭和睦，树立社会主义新风尚。(2)大力表彰先进典型。如评选优秀党员、模范干部、"五好"社员以及表扬专业户、劳动致富户、各种先进人物，以先进带动后进。(3)总结对比。摆大家公认的事实，从过去的成功和失误中明辨政策界限和是非界限，使干部、群众进行自我教育。(4)打击违法犯罪活动，利用坏人、坏事、坏典型作反面教材。(5)建设文化中心，开展科技、文化活动。(6)党员分工联系到户，做群众工作。

四、重点抓好党员领导干部思想作风建设和青少年思想道德建设

中国共产党是社会主义现代化建设事业的领导力量，党员领导干部是建设的骨干力量，他们的思想政治水平关系伟大事业的成败。青少年是社会主义建设事业的接班人，他们的思想道德水平关系祖国的未来。所以，要重点加强对党员领导干部和青少年思想道德的培育。

(一)加强党的思想建设

党章党规是加强党的思想建设的制度依据。为继续发扬党的优良传统和作风，增强党的凝聚力，发挥好社会主义精神文明建设引导者和示范者的作用，中共十一届五中全会通过了《关于党内政治生活的若干准则》(以下简称《准则》)，并在全党执行。《准则》强调，坚持党的政治路线和思想路线，是党内政治生活准则中最根本的一条。思想路线是党制定和执行政治路线的基础。党的思想路线要求坚持社会主义道路，坚持无产阶级专政，坚持党的

领导,坚持马列主义、毛泽东思想。《准则》还要求党员对社会上的歪风邪气、错误的和反动的思潮,必须进行批判和斗争。通过学习《准则》,全党进行了一次坚持党的政治路线和思想路线,加强党的团结和统一,加强党的民主集中制和组织性纪律性的思想政治教育。党的各级组织和每一个党员,都对照《准则》的规定,认真检查自己的工作和作风,及时纠正违背《准则》的行为。

为反映党在改革开放时期的任务,规范党在精神文明建设中的任务,党的十二大通过修订了《中国共产党章程》。此次修订的《中国共产党章程》总纲规定,中国共产党在现阶段的总任务是:团结全国各族人民,自力更生,艰苦奋斗,逐步实现工业、农业、国防和科学技术现代化,把我国建设成为高度文明、高度民主的社会主义国家。中国共产党领导人民在建设高度物质文明的同时,建设高度的社会主义精神文明。应当大力发展教育、科学、文化事业,用共产主义思想教育党员和人民群众,抵制和克服资本主义腐朽思想、封建主义残余思想和其他非无产阶级思想,努力使我国人民成为有理想、有道德、有文化、有纪律的人。

为了更好地贯彻执行《关于党内政治生活的若干准则》,学习《中国共产党章程》,中共十二届二中全会通过了《中共中央关于整党的决定》。这次整党的任务是统一思想,整顿作风,加强纪律,纯洁组织。第一,统一思想,就是进一步实现全党思想上、政治上的高度一致,纠正一切违反四项基本原则、违反十一届三中全会以来党的路线的"左"的和右的错误倾向。第二,整顿作风,就是发扬全心全意为人民服务的革命精神,纠正各种利用职权谋取私利的行为,反对对党、对人民不负责任的官僚主义。第三,加强纪律,就是坚持民主集中制的组织原则,反对无组织无纪律的家长制、派性、无政府主义、自由主义,改变党组织的软弱涣散状况。第四,纯洁组织,就是按照党章规定,把坚持反对党、危害党的分子清理出来,开除出党。

党的十三大总结了改革开放以来党的建设的经验,提出在党的思想建设中必须全面宣传党的基本路线,牢牢掌握一个中心、两个基本点。党的各级组织和党校,应当密切联系社会主义初级阶段的实际,经常地、深入地向党员进行党的基本路线和党的基本知识的教育,以党的基本路线统一全体党员特别是领导干部的思想和行动,使广大共产党员都成为自觉地为实现党的任务而斗争的先锋战士，成为有理想、有道德、有文化、有纪律的模范。党的宣传工作和思想教育工作必须改革，克服形式主义，讲求实效。我们不可能回到过去那种封闭状态，禁止人们接触形形色色的思潮，更不能回避人们在建设和改革中产生的种种思想认识问题。这就要求用群众切身的经验和喜闻乐见的形式进行宣传和教育，使坚持四项基本原则和坚持改革开放真正地入脑入心。

（二）抓好党风建设

改革开放初期，党员领导干部的思想政治教育主要表现为党风建设。党是整个社会的表率，党的各级领导同志又是全党的表率。党的作风直接影响到社会风气。党风正，社会风气就好，否则，社会风气必受影响。党风不正还严重影响党与人民群众的密切关系，党的宣传教育也不能深入人心，得不到人民群众的认可和支持。

加强党风建设要通过思想政治工作，加强全党的组织性、纪律性。各级组织、每个党员都要按照党章的规定，一切行动服从上级组织的决定，尤其是必须同党中央保持政治上的一致。要教育全体党员发扬大公无私、服从大局、艰苦奋斗、廉洁奉公的精神，坚持共产主义思想和共产主义道德。党和政府愈是实行各项经济改革和对外开放的政策，党员尤其是党的高级负责干部，就愈要高度重视、愈要身体力行共产主义思想和共产主义道德。

提高共产党员建设社会主义现代化强国的信心，党自己坚定信心，才能教育和团结群众提高信心。通过各个岗位的党员的模范行动，影响和吸引群众，振奋精神，团结一致，专心致志，稳步前进，实现社会主义建设的宏伟目标。汲取社会主义革命和建设过程中形成的革命精神，宣传、恢复和发扬延安精神、解放初期的精神，以及 20 世纪 60 年代初期克服困难的精神，树立社会主义精神文明新标杆。

（三）加强青少年思想政治工作

牢固树立青少年的精神支柱。为了坚定走中国特色社会主义道路，实现社会主义现代化，保证党的基本路线不动摇，必须坚持不懈地用四项基本原则教育青少年,把青少年培养成为坚定的社会主义接班人和合格的社会主义事业建设者。对青少年的具体要求是:树立坚定的社会主义、共产主义的理想和信念,牢固树立共产党领导的观念,树立正确的民主和法制观念,树立社会主义、爱国主义观念。

精心培养青少年的道德品质。爱国主义是青少年基本的道德素质,在改革开放的条件下讲爱国主义,首先遇到的就是如何对待与外国特别是西方发达国家的关系问题。由于当时的青少年是在相对封闭的条件下成长起来的,所以当他们看到我们国家与西方中高收入国家之间在科学技术、物质生活条件方面的差距时,不免使一些人产生新奇、困惑乃至盲目崇拜、妄自菲薄等心理。有些青少年人在与外国人交往时,不够自尊自爱,个别的甚至做出丧失人格、国格的事情。所以强调对青少年进行爱国主义、自尊自爱、奋发图强的教育就非常迫切。爱国主义的另一个新课题,就是如何处理热爱祖国与热爱社会主义、热爱共产党的关系。爱祖国与爱共产党领导的社会主义是不可分的。邓小平曾明确指出,社会主义与中国不可分,祖国不是抽象的概念,爱国就是要热爱社会主义新中国。对每一个青少年,都要进行爱国教育,使青少年把爱国与坚定地走社会主义道路结合起来。爱国要落实到行动上,一是为人民服务,做好本职工作;二是顾全大局,以国家的全局利益为重。

不断增强青少年的法律意识和纪律观念。今天的青少年是明天的建设者,他们的法制观念如何,将会直接影响社会主义法制建设的进程,影响社会主义现代化事业的成败。因此,从源头抓起,加强对青少年的法制教育,尤为重要。法制教育要从小开始抓,并且要有连续性,对青少年更应该加强法制教育。加强青少年法制教育,重要的是向青少年讲清楚民主和法制,自由和纪律的关系。民主和自由不是绝对的,而是相对的,民主和自由要与社会发展相适应,都不是无任何约束的所谓民主。民主必须与法制相关联,自由也必须是法律允许范围内的自由,社会主义民主必须有社会主义法制保证实施。

五、创新宣传教育引导方式

(一)联系实际宣传教育

思想政治工作一定要联系实际,主要的方式是宣传引导、说服教育。

思想政治教育要有针对性。思想教育的对象是人,由于人们所处的地位、环境的不同和性格、经历等方面的差异,他们的思想状况会呈现出多样性和复杂性,并且随着客观环境、条件的变化,人的思想也在不断发生变化。因此,思想政治工作要有针对性,要细致深入和为群众所乐于接受。同时,思想政治教育要据实讲解,用事实说话。群众关心的实际生活问题和时事政策问题,各级领导一定要经常据实讲解,告诉大家客观的情况以及党和政府所做的努力,并且对群众反映的不合理现象及时纠正。群众从事实上感觉到党和社会主义好,这样共产主义思想教育和爱国主义教育才会有效。思想政治工作要与解决影响群众切实利益的问题结合起来。一部分群众中存在的思想问题,往往是同一些实际问题联系在一起的,其中不少是由于工作没有做好引起的。比如由于某些干部的官僚主义作风或因实际问题得不到妥善解决而引起的思想问题,如果不从解决实际问题入手,仅靠空洞的讲道理,是解决不了的。要使群众从切实利益的事情中感受到党组织的温暖和社会主义的优越性。

思想政治教育的根本方法是说服教育。党的领导就是要善于集中群众的正确意见,对不正确的意见给予适当的解释。对于思想问题,无论如何不能用压服的办法。说服教育不是吞吞吐吐,而是要旗帜鲜明,保证说服教育的正确方向。说服教育要直述真实情况,不隐瞒、不遮掩,让受教育者在明了情况后接受正确的观点和主张。思想问题的淤积和胶结,往往是信息不畅、对大局形势缺乏真切了解所致。沟通信息、通报大局形势,对于疏通淤积和胶结的思想问题很有帮助。说服教育要拿事实来说话,不搞强迫,不搞运动,不搞争论。这是改革开放初期所创造的运用典型示范和自我教育的方法,对干部、群众进行思想政治教育和党的路线、方针、政策教育的一种新形式。正是在这种不争论、拿事实来说话的方法的疏导说理下,全党全国人民逐渐领悟到十一届三中全会以来党的路线、方针、政策的正确,自觉地在实践中努力贯彻执行。

(二)规范和丰富精神文明建设宣传载体

改革开放初期,报刊、新闻、广播、电视是我们党进行思想政治工作宣传的重要载体。中共中央于1981年发布《中共中央关于当前报刊新闻广播宣传方针的决定》,报刊、新闻、广播、电视要认真进行关于坚持四项基本原则的宣传,要大力宣传建设社会主义的高度精神文明。主要内容如下:大力宣传共产主义的理想和道德;宣传奋发图强的爱国主义思想,增强民族自尊心、自信心;宣传党群团结、军民团结、全国各族人民大团结的思想;宣传密切联系群众、同甘共苦、克服困难的优良传统,教育干部关心群众疾苦,努力解决他们的实际困难。对于干部和群众中的思想问题,要坚持实行疏导的方针。坚持摆事实,讲道理,以理服人,不能简单粗暴、堵塞压制。报刊的文艺作品或评论,广播、电视的文艺节目,一定要坚持为人民服务、为社会主义服务的方向,正确贯彻执行百花齐放的方针。

同时,发动机关、学校和各企业、事业单位,组织强有力的编辑班子,有组织地办好壁报、板报、校刊、学报以及小型学术刊物和文艺刊物,以丰富和活跃政治生活、文化生活。对确有见解的好作品,给予适当的表扬,并负责向报刊推荐。壁报、板报、校刊、学报和其他报刊,特别是各种全国性的报刊,都要坚持四项基本原则,努力办出自己的特色。要认真对待青年人的来稿,并积极引导、培养、鼓励他们撰写思想健康、有学术或艺术价值的作品。

(三)发挥先进模范人物的榜样作用

各条战线的先进模范人物是走在时代前列的光荣战士,他们的先进思想和模范行动,是推进我国社会主义现代化事业不断发展的动力。引导和推动越来越多的人尊重和学习先进模范人物,广泛、深入、持久地开展群众性的学先进赶先进的活动，是建设社会主义物质文明和精神文明的一项重要内容。改革开放后，党和国家积极宣传新时期的模范人物，引导人们学习他们的精神。如号召学习“当代保尔”张海迪，她以保尔为榜样，勇于把自己的光和热献给人民。她以自己的言行，回答了亿万青年非常关心的人生观、价值观问题，她积极乐观的人生态度，顽强的精神，成为20世纪80年代青年人争相学习的楷模。号召学习中国女排，中国女排坚定为国争光的信念，刻苦训练，顽强拼搏。凭着坚韧的毅力，她们练就了过硬的技术本领，形成了以快速多变为主体、兼备高打强攻的独特风格。在1981年第三届女排世界杯赛中，中国女排以七战全胜的战绩首次夺得世界冠军，开创了中国女排的新纪元。之后，中国女排再接再厉，克服重重困难，相继蝉联1982年第九届世界女排锦标赛、1984年洛杉矶奥运会、1985年女排世界杯赛和第十届世界女排锦标赛冠军，完美地诠释了顽强拼搏、团结奋斗、无私奉献、为国争光的中华体育精神。中国女排夺冠后，五星红旗一次次升起、国歌一次次奏响的场景，让中华儿女热血沸腾。一时间，各行各业掀起了学习女排精神、发扬女排精神的热潮。“团结起来，振兴中华”的口号响彻神州大地，中国女排团结拼搏的精神，在当时成为民族精神和时代精神的重要象征。女排精神至今仍然激励着人们为实现中华民族的伟大复兴不断奋发向上，追求卓越，团结拼搏。

六、政策引导和法律保障

（一）融入国民经济和社会发展五年计划

1982 年通过的《中华人民共和国国民经济和社会发展第六个五年计划》（简称“六五”计划）明确指出，第六个五年计划是整个国民经济和社会发展的全面的计划，既包括建设物质文明，也包括建设精神文明。关于社会主义精神文明的建设，除了应该发展各项文化事业外，“六五”计划还提到了许多任务，其中比较重要的是职工教育和改变社会风气。在职工教育方面，除了着重举办各种形式的培训、各级各类干部和工人的正规学院和正规学校，同时也要举办一些期限较短、课目较少的训练班，使职工教育比较快地走上正规化。除了国家现有的学校要承担职工培训任务以外，各行业和有条件的企业也应该举办学校和训练班。共青团、工会、妇联等群众团体都要重视这项工作。正规地进行职工教育，应该有严格的入学标准和考核制度，有一定水平的切合实际需要的教材，有胜任教学工作的合格教师，能够对学员系统地进行马克思主义基本理论和各种专业知识的教育，能够使学员的政治素质和业务素质在学习以后确实有明显的提高。除了系统教育以外，还要根据广大职工中实际存在的思想认识问题，结合党和政府的各项方针政策和各个时期的任务，对职工进行切实有效的思想政治教育。大力普及社会发展史和中国近代史、革命史的教育，普及共产主义思想、信念、道德的教育，普及共产主义劳动态度和革命纪律的教育，普及职业道德的教育，普及法制教育，普及爱国主义和国际主义的教育，普及高尚的审美观念和社会主义生活方式的教育，使爱祖国、爱人民、爱劳动、爱科学、爱社会主义、立志振兴中华的革命精神得到发扬，使民族自尊心和荣誉感得到提高，使越来越多的职工成为有理想、有道德、有文化、守纪律的劳动者。还要认真加强对大学生、研究生进行系统的马克思主义基本理论教育，加强经常的有针对性的切实有效的思想政治工作，使培养出来的学生必须真正是有社会主义觉悟的、有文化和专业知识的劳动者。

积极造就良好的社会风气，是建设社会主义精神文明的一项十分重要的内容。党的十二大提出，要在今后五年内争取实现社会风气的根本好转。为此，要努力在城市和乡村中普遍改善社会秩序、生产秩序和工作秩序，不断改进人们的劳动态度、工作态度和服务态度，反对各种极端不负责任、“一切向钱看”、闹本位主义和无政府主义、营私舞弊、利用职权“开后门”等不正之风。要使广大干部和群众认识到，在大力发展社会主义商品生产和商品交换的同时，必须全力反对和禁止资本主义社会常见的那种连人格、良心、荣誉、人与人之间的关系都商品化的可耻弊端。为此，除了在党内要按新党章所规定的各项标准进行整党以外，在社会上也要普遍采取守则、公约、文明村、文明街、宣传网等各种形式，扶持正气，祛除邪气，对危害社会的不良风气进行综合治理。我们有党的正确的坚强领导，有共产主义思想体系的指导，有以生产资料公有制为基础的社会主义制度，有人民民主专政和进步的社会舆论，我们应该做到这一点，并且能够在全社会形成抵制各种歪风邪气的强大力量，建立和发展体现社会主义精神文明的互相尊重、互相爱护、互相帮助、友好合作的新型的人与人之间的关系。

“七五”计划依然高度重视社会主义精神文明建设，强调任何时候也不能忘记，我们要实现的四个现代化，是社会主义的四个现代化。我们采取的所有改革、开放和搞活经济的政策，目的都是为了建设有中国特色的社会主义。必须切实抓好精神文明的建设，继续加强思想政治工作，教育全国人民做到有理想、有道德、有文化、有纪律，以推动物质文明的发展，并保证它的正确方向。

（二）1982 年宪法为社会主义精神文明建设提供根本制度保障

1982 年，我国宪法进行了重大修改，这次修改明确了国家建设的价值目标，肯定了四项基本原则，补充了加强精神文明建设的条款。

宪法明确提出，今后国家的根本任务是集中力量进行社会主义现代化建设，逐步实现工业、农业、国防和科学技术的现代化，把我国建设成为高度文明、高度民主的社会主义国家。

宪法修改肯定了坚持四项基本原则,就是坚持社会主义,坚持人民民主专政,坚持马列主义、毛泽东思想,坚持中国共产党的领导。这是我国近代历史基本经验的总结,是经过实践检验的真理,反映了我国历史发展的规律。

宪法修改的重要进展是充实社会主义精神文明建设的相关条款。宪法强调,在建设高度物质文明的同时,建设高度的精神文明,是一项长期的任务。社会主义精神文明建设包括两个方面:一是进行思想道德教育,二是发展教育、科学、文化事业。目的是使全国各族人民,男女老少,都成为有理想、有道德、守纪律和有文化的人。

第二章　拓展：
社会主义市场经济条件下
社会主义核心价值观的培育和践行

十三届四中全会以来，特别是党的十四大提出建立社会主义市场经济体制的目标后，社会主义核心价值观培育和践行的重点越来越集中在思想道德和文化建设方面，这一阶段，社会主义核心价值观培育和践行的主要任务是：探索如何在以经济建设为中心的前提下，使物质文明建设和精神文明建设相互促进，协调发展，防止和克服一手硬、一手软；如何在深化改革、建立社会主义市场经济体制的条件下，形成有利于社会主义现代化建设的共同理想、价值观念和道德规范，防止和遏制腐朽思想和丑恶现象的滋长蔓延；如何在扩大对外开放、迎接世界新科技革命的情况下，吸收外国优秀文明成果，弘扬祖国传统文化精华，防止和消除文化垃圾的传播，抵御敌对势力对我"西化""分化"的图谋。这些也是社会主义现代化建设进程中必须认真解决的历史性课题。

一、把社会主义精神文明建设提到更加突出地位

在改革开放和现代化建设深入发展的新形势下，把社会主义精神文明建设提到更加突出的地位，是十四届五中全会的一个重要精神，也是十四届六中全会的一个核心任务，更是指导这一时期社会主义核心价值观培育和践行的理论观点。

（一）扩展社会主义精神文明建设战略地位的内涵

社会主义精神文明是社会主义社会的重要特征，这一认识是十二届六中全会提出的理论观点。十三届四中全会以来，坚持这一观点，并且增加了社

会主义精神文明是现代化建设的重要目标和重要保证的观点，同时扩展了新形势下精神文明建设的战略地位内涵，提出在发展社会主义市场经济和对外开放条件下建设社会主义精神文明，是中国共产党人和中国人民一项艰巨的历史使命。也就是说，社会主义精神文明是社会主义社会的重要特征，建设社会主义精神文明是中国现代化建设的重要目标和重要保证，是中国共产党和中国人民的历史使命。社会主义精神文明战略地位的新论断，表明了我们党关于社会主义的认识更加深刻了。

建立社会主义市场经济体制是我国经济振兴和社会进步的必由之路，是一项前无古人的伟大创举。这种经济体制，不仅同社会主义基本经济制度和政治制度结合在一起，而且同社会主义精神文明结合在一起。社会主义市场经济有助于丰富社会主义精神文明建设的内容，增强人们的自立意识、竞争意识、效率意识、民主法制意识和开拓创新精神。同时市场自身的弱点和消极方面也会反映到精神生活中来，所以，在社会主义市场经济体制建设过程中，必须引导人们正确处理竞争和协作，自主和监督，效率和公平，先富和共富，经济效益和社会效益等关系，反对见利忘义、唯利是图，形成把国家和人民利益放在首位而又充分尊重公民个人合法利益的社会主义义利观，形成健康有序的经济和社会生活规范。中国的发展离不开世界，对外开放是建设中国特色社会主义的一项基本国策。在国际格局的变动中抓住机遇、扩大开放，有利于我国在独立自主的基础上壮大社会主义经济，有利于吸收和借鉴世界各国先进的科学技术、经营管理方法以及其他一切有益的知识和文化，建设社会主义精神文明。对外开放也会有风险，资本主义腐朽的东西会乘虚而入。发展社会主义市场经济和对外开放条件下，建设社会主义精神文明，对中国共产党来说，是全新的历史任务，且又是必须完成的历史使命。社会主义是全面发展的社会主义，物质文明和精神文明都发展才是真正的社会主义。

中国共产党清醒地认识到，建设社会主义精神文明是长期的、复杂的，对于这种长期性、复杂性，要有足够的思想准备，精神文明建设必须常抓不懈。所以，在新形势下加强精神文明建设，是对中国共产党治国理政的一个重要考验。

(二)提出精神文明重在建设,重在加强管理的指导方针

建设包括管理,管理促进建设。重在建设,就是要以立为本,持之以恒,贵在落实,务求实效。社会主义精神文明建设的基本原则必须要立得住,必须坚持社会主义精神文明建设是围绕和推动社会主义现代化建设的精神文明建设,是促进全面改革和实行对外开放的精神文明建设,是坚持四项基本原则的精神文明建设。重在建设,主要是团结鼓劲,正面引导,不搞“大批判”,不搞无谓争论。重在建设,还要继承和弘扬中华民族的优良思想道德文化,吸收和借鉴世界文明的一切优秀成果。但精神文明建设也需要加强和改善管理,对那些错误的、违法的东西不能不管不问。提倡什么、允许什么、限制什么、反对什么,必须旗帜鲜明。严厉禁止散布否定党的领导和社会主义制度的内容,禁止散布腐朽思想、颓废情绪以及传播封建迷信、渲染色情暴力的产品。加强管理在于认真研究新情况、新问题,积极探索,总结经验,健全管理体制,加强制度建设,提高管理水平。重在建设和加强管理还表现为制定发展规划。社会主义精神文明建设涉及各个方面,是一项系统工程。十二届六中全会做出的决议,是精神文明建设的初步规划,是在已有的基础上,经过深入调查研究,提出精神文明建设的总体规划、阶段性目标和具体措施。十四届六中全会通过了《中共中央关于加强社会主义精神文明建设若干重要问题的决议》。会议根据全面实现我国国民经济和社会发展“九五”计划和2010年远景目标的要求,分析了社会主义精神文明建设面临的形势,总结了经验和教训,重点规划了思想道德和文化建设的政策与措施。

(三)丰富社会主义精神文明建设的内容

社会主义核心价值观培育和践行理念的创新与精神文明建设内容的丰富相一致,这一时期,无论是关于思想道德建设还是关于文化建设都表现出内容的极大丰富。

1. 对社会主义思想道德建设的认识更全面,社会主义思想道德建设的地位、任务、目的都有了新的界定

社会主义思想道德集中体现着精神文明建设的性质和方向,对社会政治

经济的发展具有巨大的能动作用。在改革开放和现代化建设的整个过程中，思想道德建设的基本任务是：坚持爱国主义、集体主义、社会主义教育，加强社会公德、职业道德、家庭美德建设，引导人们树立建设有中国特色社会主义的共同理想和正确的世界观、人生观、价值观。我们现在建设和发展有中国特色的社会主义，最终目的是实现共产主义，应当在全社会认真提倡社会主义、共产主义思想道德。同时要把先进性要求同广泛性要求结合起来，鼓励支持一切有利于解放和发展社会主义社会生产力的思想道德，一切有利于国家统一、民族团结、社会进步的思想道德，一切有利于追求真善美、抵制假恶丑、弘扬正气的思想道德，一切有利于履行公民权利与义务、用诚实劳动争取美好生活的思想道德，团结和引导亿万人民积极向上，不断提高全民族的思想道德水平。

2. 高度重视爱国主义教育，提出爱国主义历来是中国人民团结奋斗的一面旗帜

强调在当代中国，爱国主义同社会主义有机地统一于建设有中国特色社会主义的伟大实践，是鼓舞全国人民实现民族振兴的强大动力。颁布《爱国主义教育实施纲要》，这是社会主义建设史上第一部关于爱国主义教育的完整纲领，旨在深入持久地开展爱国主义教育，引导人们认清只有社会主义才能救中国，只有社会主义才能发展中国的真理，在全社会发扬自尊、自信、自强的民族精神，以贡献全部力量建设和保卫社会主义祖国为最大光荣，以损害国家利益、国家尊严为最大耻辱。把现代化建设的伟大成就和宏伟目标，中国近代史现代史、中共党史和基本国情，中华民族优秀传统和革命传统，民族团结和祖国统一，国防和国家安全，作为新时期爱国主义教育的主要内容。广泛运用大众传媒、书刊影视、艺术表演和课堂教学，运用重要纪念日、重大历史事件和重大社会活动，运用升国旗、唱国歌等仪式，大力弘扬爱国主义精神。加强爱国主义教育基地建设，国家要确定一批重点基地，各省市也相继确定一批爱国主义教育基地，并且从管理指导和经费支持上都给予重视。自此，全国形成了大力培育和弘扬爱国主义精神的氛围，开展了形式各样的爱国主义活动。

3. 大力弘扬艰苦创业精神，提出在全民族树立艰苦创业精神，是实现社会主义现代化的重要思想保证

经过改革开放十几年的发展，我国解决了温饱问题，正要达到小康生活水平，部分人生活富裕后就滋生了享乐主义不良风尚，因此，在精神文明建设内容中增加了树立艰苦创业精神。我国是发展中国家，经济文化比较落后，处在创业时期。伟大的创业实践，需要伟大的创业精神。即使经济有了大的发展，人民生活有了大的改善，仍然需要保持和发扬这种精神。在广大干部群众中深入持久地进行艰苦创业精神的教育，引导人们正确认识国情，正确认识建设有中国特色社会主义的长期性和艰巨性，牢固树立勤俭建国、勤俭办一切事业的思想，大力发扬艰苦奋斗、励精图治、知难而进、自强不息的精神。各级党政机关、一切企事业单位都要厉行节约，反对浪费，严禁讲排场、比阔气、挥霍公款。

4. 社会主义道德建设的内容在“五爱”基础上更加系统

提出社会主义道德建设要以为人民服务为核心，为人民服务是社会主义道德的集中体现。以集体主义为原则，以爱祖国、爱人民、爱劳动、爱科学、爱社会主义为基本要求。大力倡导一切有利于发扬爱国主义、集体主义、社会主义的思想和精神，大力倡导一切有利于改革开放和现代化建设的思想和精神，大力倡导一切有利于民族团结、社会进步、人民幸福的思想和精神，大力倡导一切有利于用诚实劳动争取美好生活的思想和精神，凝聚民族力量，振奋人们的精神，为改革开放和现代化建设提供强大的精神动力。增加了社会公德教育，并且提出了社会公德、职业道德、家庭美德的主要内涵，即倡导文明礼貌、助人为乐、爱护公物、保护环境、遵纪守法的社会公德，倡导爱岗敬业、诚实守信、办事公道、服务群众、奉献社会的职业道德，倡导尊老爱幼、男女平等、夫妻和睦、勤俭持家、邻里团结的家庭美德，在全社会形成团结互助、平等友爱、共同前进的人际关系。

5. 健康、文明、科学的生活方式开始成为精神文明建设的内容

这段时期，党和国家领导人多次倡导文明、健康的生活方式，在国民经济和社会发展“九五”计划中也提到倡导文明、健康的生活方式，在党风廉政建设中更是多次提出文明、健康的生活方式。具体何为文明、健康的生活方式，

并没有明确的界定,根据文献可以推定文明、健康的生活方式包括以下内容:反对拜金主义、享乐主义的生活,破除陈规陋习的生活,反对封建迷信和封建宗族活动的生活,实行婚事、丧事简办,发扬艰苦创业、勤俭节约的优良传统,反对铺张浪费、奢靡的生活。通过构建科学、文明、健康的生活方式,形成良好的社会风尚。

(四)广泛开展群众性精神文明建设活动

群众性是这一时期精神文明建设比较突出的特点。群众性一方面指的是精神文明建设的参与者要广泛,主体是人民群众;另一方面指的是精神文明建设活动要融入人民群众日常生活中。

除了宣传部门要大力推动社会主义精神文明外,还要充分发挥工会、共青团、妇联在精神文明建设中的作用,根据职工、青年、妇女的不同情况,分层次、有重点地进行马克思主义基本理论教育,革命传统、理想、道德教育,民主、法制、纪律教育,国情、形势、政策教育和科学文化技术教育,提高群众的思想政治觉悟和科学文化水平。各级工会应当在职工中经常进行工人阶级优良传统的教育,增强广大职工的国家主人翁责任感;深入开展职业责任、职业道德、职业纪律、职业技能的"四职"教育,大力提高职工队伍的素质。要鼓励和支持广大职工搞技术革新,提合理化建议。共青团开展教育,应把先进性同群众性的要求有机结合起来。要继续抓好"争当突击手""学雷锋、树新风""大学生社会实践教育"等活动,引导广大青年从我做起,从现在做起,为振兴中华建功立业、贡献青春,在实践中锻炼成为合格的无产阶级革命事业接班人。妇联要教育广大妇女自尊、自信、自立、自强,把勤俭建国、勤俭持家作为文明建设的重要内容,激励她们奋发上进,在建设和改革事业中充分发挥聪明才智和积极作用。妇联在城乡开展了"三八"红旗竞赛和"五好"家庭创评活动,在农村妇女中开展了"学文化、学技术,比成绩、比贡献"活动。

广泛开展文明创建活动。文明城市、文明村镇、文明行业并称为三大群众性精神文明创建活动。十四届六中全会以后,三大群众性精神文明创建活动在全国开展。文明创建活动以"讲文明,树新风"为主题,在实践中进一步具体化,落实到人民的生活中,形成形式多样的文明创建活动。比如文明系列增加，创建文明单位、文明家庭、文明校园、文明企业、文明社区等。开启了一批文明公益活动，如“希望工程”“送温暖”“志愿者”“手拉手”“幸福工程”“春蕾计划”“扶残助残”等公益活动。1997 年 3 月，中共中央宣传部在已经确定 300 个文明行业示范点的基础上，又确定了 100 个创建文明城市示范点和 200 个创建文明村镇示范点，使这项活动形成了各方面齐抓共建、制定市民与村民公约、开展“五好文明家庭”创建活动、开展“百城万店无假货”活动、实行社会服务承诺制、文明上岗优质服务等。一些窗口行业开展了“为人民服务，树行业新风”等活动，收到良好的效果。1993 年底，共青团中央发起实施“中国青年志愿者行动”，组织各级团组织建立青年志愿者服务队，成立青年志愿者协会，推动青年志愿者行动迅速在全国展开。共青团中央、中国青少年发展基金会组织实施的救助贫困地区失学少年儿童重返校园的“希望工程”，中国儿童少年基金会组织实施的救助贫困地区失学女童重返校园的“春蕾计划”，中国社会服务促进会发起的旨在提高孤儿素质、改善其生活状况的“救孤计划”等活动，在全社会进一步弘扬了扶危济困的美德。

为大力推进农村精神文明建设，促进农村文化建设，满足广大农民的精神文化生活需求，改善农村社会风气，密切党群干群关系，1996 年 12 月，中共中央宣传部、国家科委、农业部、文化部等十部委联合发出《关于开展文化科技卫生“三下乡”活动的通知》。农村尤其是“老少边穷”地区缺医少药，信息闭塞，科技落后，文化生活贫乏。文化、科技、卫生下乡，是农村所缺、农民所盼。“三下乡”活动如雪中送炭，使广大农村群众获得了致富信息和技术，获得了健康知识和医疗服务，获得了精神文化享受。

充分利用重大节日开展群众性精神文明建设活动。各种重要节日、纪念日，能够吸引广大人民群众参与，是开展群众性精神文明建设的重要载体。利用青年节、建党节、建军节、国庆节等革命节日，妇女节、劳动节、儿童节等国际性节日，以及民间传统节日和重大历史事件、历史人物纪念日等，举行形式多样的群众性庆祝、纪念活动，使人们在集体聚会、合家团圆的同时，增强对祖国、对家乡、对自然、对生活的热爱，陶冶道德情操。注重节日仪式建设，特别提出在重要场所和重大活动中升国旗、唱国歌，开展入队、入团、入党宣誓、成人仪式以及各种形式的重礼节、讲礼貌、告别不文明言行等活动，引导人们增强礼仪、礼节、礼貌意识，不断提高自身道德修养。

（五）成立精神文明建设协调组织机构

十四届六中全会后，为加强协调，中央成立了精神文明建设指导委员会。各省、自治区、直辖市建立相应的机构。从此，精神文明建设成为有组织、有规划的全国性活动。

二、推进中国特色社会主义文化建设

早在党的十三大就确立社会主义现代化建设的奋斗目标是富强、民主、文明的社会主义现代化强国，富强主要是经济建设的价值追求，民主主要是政治建设的价值追求，那么文明就是文化建设的价值追求。党的十五大将有中国特色社会主义文化建设列为与经济建设、政治建设同样重要的社会主义建设内容。推进中国特色社会主义文化建设，是我国经济社会发展的必然要求。经过改革开放十几年的发展，人民在解决基本的温饱问题后，对文化产品的需求也越来越强烈，文化事业和文化产业的发展需要理论的指导和政策的推动，因此，需要将文化作为社会主义建设总体布局中的重要内容。提出推进中国特色社会主义文化建设还有另外一个原因，那就是文化交流的需要。随着改革开放的深入发展，文化交流也越来越密切，在文化交流中，我国势必要界定清楚何为中国文化，如何在吸收借鉴国外优秀文化的过程中创新发展中国文化，而不被同化。

中国特色社会主义文化，就其主要内容来说，同改革开放以来我国一贯倡导的社会主义精神文明是一致的。文化相对于经济、政治而言，精神文明相对于物质文明而言。只有经济、政治、文化协调发展，只有两个文明都搞好，才是中国特色社会主义。社会主义现代化既应该有繁荣的经济，也应该有繁荣的文化。中国特色社会主义文化，是凝聚和激励全国各族人民的重要力量，是综合国力的重要标志。它源于中华民族五千年文明史，又植根于中国特色社会主义实践，具有鲜明的时代特点；它反映我国社会主义市场经济和政治的基本特征，又对经济和政治的发展起巨大的促进作用。

有中国特色社会主义的文化，必须以马克思列宁主义、毛泽东思想为指导，不能搞指导思想的多元化；必须坚持为人民服务、为社会主义服务的方向和“百花齐放、百家争鸣”的方针，繁荣和发展社会主义文化，不允许毒害人民、污染社会和反社会主义的东西泛滥；必须继承发扬民族优秀传统文化而又充分体现社会主义时代精神，立足本国而又充分吸收世界文化优秀成果，不允许搞民族虚无主义和全盘西化。我们应该牢牢把握有中国特色社会主义文化的这些基本要求，极大地提高全民族的思想道德和科学文化素质，促进社会主义物质文明和精神文明的发展。

建设中国特色社会主义，主要任务是，着力提高全民族的思想道德素质和科学文化素质，为经济发展和社会全面进步提供强大的精神动力和智力支持，培育适应社会主义现代化要求的一代又一代有理想、有道德、有文化、有纪律的公民。在全社会形成共同理想和精神支柱，是中国特色社会主义文化建设的根本。深入持久地开展以为人民服务为核心、集体主义为原则的社会主义道德教育，加强民主法制教育和纪律教育，引导人们树立正确的世界观、人生观、价值观。大力弘扬爱国主义、集体主义、社会主义和艰苦创业精神。提倡共产主义思想道德，同时把先进性要求和广泛性要求结合起来，鼓励一切有利于国家统一、民族团结、经济发展、社会进步的思想道德。发扬社会主义的人道主义精神。

文化建设领域广阔，教育、科学、文学艺术、新闻出版、广播影视、卫生体育、图书馆、博物馆等各项文化事业和多种形式的群众文化娱乐活动，都是文化建设的重要内容。百年大计，教育为本。教育是社会主义物质文明和精神文明建设极为重要的基础工程。它对提高全体人民的思想道德和科学文化素质，对培养一代又一代社会主义事业接班人，具有重大的战略意义。文化基础设施是推进中国特色社会主义文化的载体，要加强文化基础设施建设，重视科学、历史、文化的遗产和革命文物的保护。文学艺术、新闻出版、广播影视，不仅为人民提供丰富的文化产品，还是社会主义意识形态的建设平台，我们党历来重视意识形态工作。这方面工作做得好不好，直接关系社会主义事业的成败。思想宣传阵地,社会主义思想不去占领,资本主义思想就必然会去占领。所以,这段时期,我国高度重视媒体建设。

推进中国特色社会主义文化建设,既不能隔断历史,也不能崇洋媚外。必须继承和发扬中华优秀传统文化,必须充分体现时代精神和创造精神,必须具有世界眼光,增强感召力。中华民族的优秀文化传统,党和人民从“五四”运动以来形成的革命文化传统,人类社会创造的一切先进文明成果,我们都要积极地继承和发扬。我国几千年的历史留下了丰富的文化遗产,我们应该取其精华、去其糟粕,结合时代精神加以继承和发展,做到古为今用。同时必须结合新的实践和时代要求,结合人民群众精神文化生活的需要,积极进行文化创新,努力繁荣先进文化,大力发展面向现代化、面向世界、面向未来的民族的科学的大众的社会主义文化,不断丰富人们的精神世界,不断增强人们的精神力量。要坚持先进文化的前进方向,全面建设和繁荣我国的文化事业。要立足于改革开放和现代化建设实践,着眼于世界科学文化发展前沿,积极进行文化创新,不断增强中国特色社会主义文化的吸引力和感召力,把亿万人民紧紧吸引在中国特色社会主义文化的伟大旗帜下。要把培育和弘扬民族精神作为文化建设的一个极为重要的任务,使广大人民在建设中国特色社会主义的征途上,始终保持奋发有为、昂扬向上的精神状态。

三、重视爱国主义教育

爱国主义一直属于精神文明建设的内容,我国也一直高度重视爱国主义教育,这一时期尤为重视爱国主义教育,我们党对于爱国主义教育的战略地位、重要意义、主要内容等都有许多新认识,并且印发了《爱国主义教育实施纲要》,这也是改革开放以来我国第一部系统制定的爱国主义教育行动纲领,对培育和践行爱国主义意义重大。

(一)爱国主义教育的战略地位

发扬爱国主义精神,坚持独立自主、自力更生的方针,是中国革命也是中国社会主义建设取得胜利的一条根本经验。这个判断表明爱国主义精神具有很高的战略地位。《爱国主义教育实施纲要》详细阐述了爱国主义的战略地位和重要意义。爱国主义历来是动员和鼓舞中国人民团结奋斗的一面旗帜,是推动我国社会历史前进的巨大力量,是全国各族人民共同的精神支柱。爱国主义教育是提高全民族整体素质和加强社会主义精神文明建设的基础工程,是引导人们树立正确的理想、信念、人生观、价值观的共同基础,是全社会一项十分重要的工作。在新的历史条件下,加强爱国主义教育,继承和发扬爱国主义传统,对于振奋民族精神,增强民族凝聚力,团结全国各族人民自力更生,艰苦创业,为建设中国特色社会主义的宏伟事业而奋斗,具有重要的现实意义和深远的历史意义。

(二)爱国主义教育的主要内容

在当代中国,爱国主义与社会主义在本质上是一致的,建设中国特色的社会主义是新时期爱国主义的主题。围绕这个主题,爱国主义教育的主要内容包括:

1. 中华民族悠久历史的教育

我国的爱国主义精神是在中华民族漫长的历史进程中产生和发展起来的。通过中国历史特别是中国近代史、现代史的教育,有助于人们了解中华民族自强不息、百折不挠的发展历程,了解我国各族人民对人类文明的卓越贡献,了解我国历史上的重大事件和著名人物,了解中国人民反对外来侵略和压迫,反抗腐朽统治,争取民族独立和解放,前仆后继、浴血奋斗的精神和业绩,特别是了解中国共产党领导全国人民为建立新中国而英勇奋斗的崇高精神和光辉业绩。

2. 中华民族优秀传统文化的教育

中华民族在创造灿烂中华文明的过程中,形成了具有强大生命力的传统文化,其内容博大精深,不仅包括了哲学、社会科学、文学艺术、科学技术等方面的成就，而且蕴含着崇高的民族精神、民族气节和优良道德；不仅孕育了无数杰出的政治家、思想家、文艺家、科学家、教育家、军事家，而且留下了丰富的文物史迹、经典著作，这笔丰厚的文化遗产是进行爱国主义教育的宝贵资源。

3. 党的基本路线和社会主义现代化建设成就的教育

党的基本路线和我国社会主义建设成就是进行爱国主义教育最现实、最生动的教材。运用十一届三中全会以来改革开放和现代化建设的巨大成就与成功经验进行教育，使人民群众进一步坚定社会主义信念，坚持党的基本路线不动摇。

4. 中国国情的教育

帮助人们系统地了解我国经济、政治、军事、外交以及社会、文化、人口、资源等方面的历史与现状，了解我国现代化建设的目标、步骤和宏伟前景，并从中国和世界其他不同类型国家的对比中，看到我国的优势和差距，有利条件和不利因素，增强使命感和社会责任感，更好地发扬艰苦奋斗、勤俭建国的创业精神。国情教育同省情、市情、县情的教育结合进行。

5. 社会主义民主和法制教育

我国的宪法和法律是广大人民意志和利益的体现，通过广泛深入的民主和法制教育，帮助人们了解我国的政治制度、经济制度和其他各项制度，增强人们的国家观念和主人翁责任感，养成遵纪守法的习惯，在正确行使宪法和法律规定的权利的同时，忠实履行宪法和法律规定的公民义务，坚决维护国家利益。

6. 国防教育和国家安全教育

根据时代特点，重视现代国防教育，增强全民的国防意识和国家安全意识，加强军政、军民团结，提高全民抵御外敌入侵、捍卫祖国独立、维护国家主权和领土完整的自觉性。教育全体人民同一切出卖祖国利益、损害祖国尊严、危害国家安全、分裂祖国的言行，进行坚决的斗争。

7. 民族团结教育

中华民族是一个多民族的大家庭，要加强马克思主义的民族观、宗教观和党的民族政策、宗教政策的教育，大力宣传各族人民为维护民族团结和祖国统一做出的不懈努力和历史贡献，自觉维护民族团结和祖国统一。

8.“和平统一、一国两制”方针的教育

正确地宣传党和政府在祖国统一问题上的基本立场和方针政策，使人们了解祖国统一工作的进展情况和重点。要注意宣传港澳台同胞为祖国统一所做的贡献，宣传海外侨胞和海外归来人员爱国、爱家乡的事迹。

（三）爱国主义教育的重点是青少年

学校是对青少年进行教育的重要场所，爱国主义教育要贯穿到育人全过程中去，特别要发挥好课堂教学主渠道的作用。国家教委颁发《中小学加强中国近代、现代史及国情教育的总体纲要》和《中学思想政治、中小学语文、历史、地理学科教育纲要》，制定了各学科（包括自然学科在内）爱国主义教育的分科计划，把爱国主义教育的内容分解、贯穿到各相关学科的课堂教学中去。各类大专院校开设中国历史、文学、艺术、科技等内容的传统文化选修课，开设以爱国主义教育为主要内容的专题讲座。大、中、小学校积极开辟爱国主义教育的校外课堂，对学生进行直观、形象的教育。中学高年级和大专院校，组织学生参加适当的生产劳动和社会实践等活动，增强他们对国家的责任感。

针对青少年的特点，注意运用影视、书刊、音乐、戏剧、美术、故事会等形式，为广大青少年提供丰富、生动的爱国主义教材。各地区和各有关部门认真贯彻落实中宣部、国家教委、广播影视部、文化部《关于运用优秀影视片在全国中小学开展爱国主义教育的通知》，并将这些优秀影视片纳入教学、教育计划，扎扎实实做好放映、观看、宣传、教育工作，坚持不懈地抓下去。1995 年 5 月，中宣部、国家教委、文化部、新闻出版署和共青团中央发出《关于向全国中小学推荐百种爱国主义教育图书的通知》，把阅读百种爱国主义教育图书、观看百部爱国主义影片和学唱百首爱国主义歌曲，作为对中小学生进行爱国主义教育的重要途径。

（四）建设好爱国主义教育基地

爱国主义教育基地是集中鲜明地体现爱国主义精神的载体，是引导人们特别是广大青少年树立正确的理想、信念、人生观、价值观的重要平台。1991

年中宣部等部门联合下发《关于充分运用文物进行爱国主义和革命传统教育的通知》。1997 年 7 月,中宣部向社会公布了首批百个爱国主义教育示范基地,以此影响和带动全国爱国主义教育基地建设。此次公布的百个爱国主义教育示范基地中,反映中华民族悠久历史文化内容的有 19 个,反映近代中国遭受帝国主义侵略和我国人民反抗侵略、英勇斗争内容的有 9 个,反映现代我国人民革命斗争和社会主义建设时期内容的有 75 个。此后,2001 年、2005 年和 2009 年又相继公布了三批爱国主义教育示范基地。通过爱国主义教育示范基地,有助于进一步推动爱国主义教育基地建设,更好地发挥爱国主义教育基地的作用,深入地开展群众性爱国主义教育活动,激发人民的爱国热情,凝聚人民力量,培育民族精神。

(五)注重宣传引导,营造浓厚的爱国主义社会氛围

要使爱国主义思想成为社会的主旋律,必须营造一种浓郁的爱国主义氛围,使人们在日常生活的各个方面都能随时随地受到爱国主义思想和精神的感染、熏陶。这一时期,各级新闻出版和影视部门积极运用各种新闻和文艺形式,宣传富有爱国主义精神的先进人物和先进事迹,宣传社会主义建设事业的成就和经验,宣传中华民族的奋斗历史、光荣传统和灿烂文化。同时,还注意抓住有利于振奋民族精神的重大事件,形成爱国主义宣传的高潮。比如利用中华人民共和国成立 50 周年、举办亚运会等时机,在全社会形成弘扬爱国主义精神的浓厚氛围。各级文化、影视主管部门积极提倡和扶持弘扬爱国主义精神的各类文艺作品的创作,在评奖、宣传等方面加强引导。注意利用重要法定节日、各民族传统节日对群众进行爱国主义教育。把组织节庆、纪念活动作为弘扬爱国主义精神、激发群众爱国主义热情的重要工作。特别是元旦、春节、劳动节、儿童节、建党节、建军节、国庆节等重要节日的庆祝活动要突出爱国主义的内容。

(六)将爱国主义教育融入仪式礼仪中

进行爱国主义教育,需要提倡必要的礼仪,特别要提倡有助于培养对国旗、国歌、国徽崇敬感的必要礼仪,增强人们的爱国主义情感。《中华人民共

和国国旗法》由第七届全国人民代表大会常务委员会第十四次会议于 1990 年 6 月 28 日通过。《中华人民共和国国徽法》由第七届全国人民代表大会常务委员会第十八次会议于 1991 年 3 月 2 日通过。《中华人民共和国国旗法》和《中华人民共和国国徽法》是为维护国旗、国徽的尊严,规范国旗、国徽的使用,增强公民的国家观念,弘扬爱国主义精神,培育和践行社会主义核心价值观,根据宪法而制定的其他法律。国旗是国家的象征和标志,任何组织和公民都要遵守《中华人民共和国国旗法》,依法严格执行升旗制度。学校在开学典礼、毕业典礼、运动会等大型集体活动中提倡举行庄严、隆重的升旗仪式。各地组织年满十八周岁的公民举行对国旗宣誓的成人仪式。有条件的大中城市,在国庆节等重要节日可以在城市中心广场举行隆重的升旗仪式。唱国歌是公民表达爱国情感的一种神圣行为,在升国旗仪式和大型集会等活动中要奏国歌,而且要提倡齐唱国歌。奏、唱国歌时应庄严肃立。在国际体育比赛的颁奖仪式上,升中国国旗、奏中国国歌时,运动员要面向国旗肃立,唱国歌。

四、开展公民道德建设

2001 年 9 月 20 日,中共中央印发《公民道德建设实施纲要》,这是指导我国在社会主义市场经济条件下开展公民道德建设的指导性文件。社会主义道德建设是发展社会主义先进文化的重要内容,加强社会主义道德建设,以德治国,把法制建设与道德建设、依法治国与以德治国紧密结合起来,通过公民道德建设的不断深化和拓展,逐步形成与发展社会主义市场经济相适应的社会主义道德体系。这是提高全民族素质的一项基础性工程,对弘扬民族精神和时代精神,形成良好的社会道德风尚,促进物质文明与精神文明协调发展,全面推进建设中国特色社会主义伟大事业,具有十分重要的意义。

（一）公民基本道德规范

《公民道德建设实施纲要》把公民基本道德规范概括为二十个字："爱国守法、明礼诚信、团结友善、勤俭自强、敬业奉献。"爱国指对祖国的忠诚和热爱，守法指人们按照法律规范进行活动。"爱国守法"，强调公民应培养高尚的爱国主义精神，自觉地学法、懂法、用法、守法和护法。明礼就是对社会交往规则、仪式和习惯的正确理解和运用，诚信通常指诚实守信。"明礼诚信"，强调公民应文明礼貌、诚实守信、诚恳待人。团结指人们为了实现共同的利益和目标而在思想和行动上相互一致，友善指人与人之间相互友好、帮助、共求进步。"团结友善"，强调公民之间应和睦友好、互相帮助、与人友善。勤俭即勤劳节俭，自强指人对自己的能力和行为所具有的自信和进取意识。"勤俭自强"，强调民众应努力工作、勤俭节约、积极进取。敬业指要有正确的职业观念，热爱本职工作和对技术精益求精，奉献指为国家和人民的利益贡献自己的力量，不计个人得失。"敬业奉献"，强调公民应忠于职守、克己为公、服务社会。这些基本行为准则，在同一道德体系中具有内容的广延性和层次的多样性，既包括人们所必须共同遵守的最重要的行为准则，又涵盖了家庭、职业、公共生活等各个领域所应遵守的最基本的道德准则，适用于不同的社会群体，与不同社会领域的具体道德规范融为一体，贯穿公民道德建设的全过程。

（二）公民道德建设的基本原则

1. 坚持社会主义道德建设与社会主义市场经济相适应

这是社会主义道德建设历程中第一次提到的建设原则，就是充分发挥社会主义市场经济机制的积极作用，不断增强人们的自立意识、竞争意识、效率意识、民主法制意识和开拓创新精神。正确运用物质利益原则，反对只讲金钱、不讲道德的错误倾向，在实践中确立与社会主义市场经济相适应的道德观念和道德规范。

2. 坚持继承优良传统与弘扬时代精神相结合

优良传统既包括中华民族几千年形成的传统美德，也包括我们党领导人民在长期革命斗争与建设实践中形成的优良传统道德。时代精神的内容是第一次完整阐述，在全社会大力宣传和弘扬解放思想、实事求是，与时俱进、勇于创新，知难而进、一往无前，艰苦奋斗、务求实效，淡泊名利、无私奉献的时代精神，使公民道德建设既体现优良传统，又反映时代特点，始终充满生机与活力。

3. 坚持尊重个人合法权益与承担社会责任相统一

保障民众依法享有政治、经济、文化、社会生活等各方面的民主权利，鼓励人们通过诚实劳动和合法经营获取正当的物质利益。引导民众自觉履行宪法和法律规定的各项义务，积极承担自己应尽的社会责任。把权利与义务结合起来，树立把国家利益和人民利益放在首位而又充分尊重个人合法利益的社会主义义利观。

4. 坚持注重效率与维护社会公平相协调

把效率与公平的统一作为社会主义道德建设的重要目标，在全社会形成注重效率、维护公平的价值观念。把效率与公平结合起来，使民众既有平等参与机会又能充分发挥自身的潜力，促进经济发展，保持社会稳定。

5. 坚持把先进性要求与广泛性要求结合起来

要从实际出发，区分层次，着眼多数，鼓励先进，循序渐进。积极鼓励一切有利于国家统一、民族团结、经济发展、社会进步的思想道德，大力倡导共产党员和各级干部带头实践社会主义、共产主义道德，引导人们在遵守基本道德规范的基础上，不断追求更高层次的道德目标。

6. 坚持道德教育与社会管理相配合

广泛进行道德教育，普及道德知识和道德规范，帮助人们加强道德修养。建立健全有关法律法规和制度，把公民道德建设融于科学有效的社会管理之中。逐步完善道德教育与社会管理、自律与他律相互补充和促进的运行机制，综合运用教育、法律、行政、舆论等手段，更有效地引导人们的思想，规范人们的行为。

（三）公民道德建设的主要内容

社会主义道德建设坚持以为人民服务为核心，以集体主义为原则，以爱祖国、爱人民、爱劳动、爱科学、爱社会主义为基本要求,以社会公德、职业道德、家庭美德为着力点。

为人民服务作为公民道德建设的核心,是社会主义道德区别和优越于其他社会形态道德的显著标志。为人民服务不仅是对共产党员和领导干部的要求,也是对广大群众的要求。每个公民不论社会分工如何、能力大小,都能够在本职岗位,通过不同形式做到为人民服务。这一时期开展的"岗位学雷锋"活动、"窗口服务"活动就是对这一观点的实践应用。

集体主义作为公民道德建设的原则,是社会主义经济、政治和文化建设的必然要求。在社会主义社会,人民当家作主,国家利益、集体利益和个人利益根本上的一致,使集体主义成为调节三者利益关系的重要原则。倡导集体主义精神,引导人们正确认识和处理国家、集体、个人的利益关系,提倡个人利益服从集体利益、局部利益服从整体利益、当前利益服从长远利益,反对小团体主义、本位主义和损公肥私、损人利己。

爱祖国、爱人民、爱劳动、爱科学、爱社会主义,作为公民道德建设的基本要求,是每个公民都应当承担的法律义务和道德责任。引导人们发扬爱国主义精神,提高民族自尊心、自信心和自豪感,以热爱祖国、报效人民为最大光荣,以损害祖国利益、民族尊严为最大耻辱,提倡学习科学知识、科学思想、科学精神、科学方法,艰苦创业、勤奋工作,反对封建迷信、好逸恶劳,积极投身于建设有中国特色社会主义的伟大事业。

社会公德是全体公民在社会交往和公共生活中应该遵循的行为准则,涵盖了人与人、人与社会、人与自然之间的关系。在现代社会,公共生活领域不断扩大,人们相互交往日益频繁,社会公德在维护公众利益、公共秩序,保持社会稳定方面的作用更加突出,社会公德成为个人道德修养和社会文明程度的重要表现。大力倡导以文明礼貌、助人为乐、爱护公物、保护环境、遵纪守法为主要内容的社会公德,鼓励人们在社会上做一个好公民。

职业道德是所有从业人员在职业活动中应该遵循的行为准则,涵盖了从业人员与服务对象,职业与职工,职业与职业之间的关系。随着现代社会分工的发展和专业化程度的增强,市场竞争日趋激烈,整个社会对从业人员的职业观念、职业态度、职业技能、职业纪律和职业作风的要求越来越高。大力倡导爱岗敬业、诚实守信、办事公道、服务群众、奉献社会为主要内容的职业道德,鼓励人们在工作中做一个好建设者。

家庭美德是人们在家庭生活中应该遵循的行为准则,涵盖了夫妻、长幼、邻里之间的关系。家庭生活与社会生活有着密切的联系,正确对待和处理家庭问题,共同培养和发展夫妻爱情、长幼亲情、邻里友情,不仅关系到每个家庭的美满幸福,也有利于社会的安定和谐。大力倡导以尊老爱幼、男女平等、夫妻和睦、勤俭持家、邻里团结为主要内容的家庭美德,鼓励人们在家庭里做一个好成员。

五、加强党风廉政建设

党和国家机关是国家建设的领导力量和执行力量,其工作人员的思想和工作作风具有引领和示范作用,好的作风可以带动整个社会风气良好发展,不好的工作作风也能导致社会风气变坏。不仅如此,他们的工作作风还能影响人民群众对社会主义精神文明建设的认可度。由于一段时期内存在物质文明建设和精神文明建设、经济建设和法制建设一手硬、一手软的现象,思想政治教育和法制建设没能及时跟进,导致在党和政府机关以及社会生活中出现一些消极腐败现象,一些人经不起金钱和物质的诱惑,染上了以权谋私的恶行,一些部门和人受“一切向钱看”思想的影响,出现贪污腐败、徇私舞弊、不给好处不办事的行为。广大群众对此极为不满,甚至已达到了深恶痛绝的程度。为此,这一段时期,无论是党的建设还是政府机关建设都把廉政作为重要建设内容,立规矩、严纪律,提倡艰苦创业和不懈奋斗精神。

(一)提高党的马克思主义水平

面对复杂的国际形势和繁重的国内任务,党必须在理论上更加成熟起来。“只有大力提高全党的马克思主义理论水平,才能在错综复杂的矛盾和斗争中驾驭全局,掌握主动权;才能更好地坚持实事求是的思想路线,避免犯

‘左’的或右的错误；才能不断总结群众创造的新鲜经验，做出新的理论概括，把现代化建设和改革开放胜利地推向前进。只有马克思主义才能引导我们深刻认识社会发展的客观规律，把握世界形势变化的本质，不被历史长河中的旋涡和逆流所迷惑。”①理论坚定，才能政治清醒，坚持共产主义的理想信念不动摇。所以，在党的建设中提出了普遍深入持久地进行马列主义、毛泽东思想的教育。1990 年和 1991 年，我们党集中开展了社会主义思想教育，通过学习和教育，划清马克思主义与反马克思主义、社会主义与资本主义、无产阶级思想体系与资产阶级思想体系的界限，增强抵制各种错误思潮侵蚀的能力，提高了解决建设和改革中各种实际问题的本领。为加强党员教育工作，1994 年 4 月，中共中央组织部和中共中央宣传部联合发出《关于加强和改进党员教育工作的若干意见》，加强党的思想建设，全面提高党员素质，使其能够具有发挥新时期先锋模范作用的思想道德品质。同时，重视党校的教育和培训功能。1994 年 5 月印发的《中共中央关于新形势下加强党校工作的意见》明确提出，各级党校要努力办成轮训和培训党员领导干部，培养党的理论队伍，学习、研究、坚持和发展马克思列宁主义、毛泽东思想的重要阵地，成为干部增强党性锻炼的熔炉。充分发挥社会科学院在马克思主义理论研究方面的作用，成立邓小平理论研究中心，深入开展马克思主义理论研究和宣传工作。重视马克思主义文献的编辑出版工作，这一时期，《列宁全集》中文第二版、《毛泽东选集》第二版、《毛泽东文集》《邓小平文选》等文献陆续出版，为开展马克思主义教育提供了基本资料。有计划地组织共产党员认真学习马列著作和毛泽东同志的著作，认真学习邓小平同志和其他老一辈无产阶级革命家的著作，认真学习中国特色社会主义理论、路线、方针和政策。

为提高思想认识，中共中央在县级以上党政领导班子、领导干部中深入开展了以“讲学习、讲政治、讲正气”为主要内容的党性党风教育。要求广大党员特别是各级领导干部要讲学习、讲政治、讲正气，牢记党的根本宗旨，努力改造主观世界，加强道德修养，自重、自省、自警、自励。要严格遵守党员领导干部廉洁从政的有关规定，清正廉洁，勤政为民，要求群众做到的自己首先

---

① 《十三大以来重要文献选编》（下），中央文献出版社 2011 年版，第 188 页。

做到，要求群众不做的自己坚决不做。要教育好自己的配偶和子女，管好身边的工作人员，自觉接受党组织和群众的监督，用良好的道德形象取信于民，带动广大群众进一步做好工作。

（二）立规矩、严纪律，加强反腐败斗争

为促进党员领导干部廉洁从政，根据《中国共产党章程》和领导干部廉洁自律的若干规定，中国共产党于 1997 年制定了《中国共产党党员领导干部廉洁从政若干准则（试行）》，详细阐释了廉洁从政行为规范以及实施与监督的具体要求。同时，中共中央和国务院还单独或者联合印发多个规定，为党员领导干部和机关工作作风制定了规矩和纪律。如《中共中央、国务院关于党政机关厉行节约制止奢侈浪费行为的若干规定》《关于实行党风廉政建设责任制的规定》《中共中央办公厅、国务院办公厅关于严禁党政机关及其工作人员在公务活动中接受和赠送礼金、有价证券的通知》《中共中央办公厅、国务院办公厅关于加强县以上领导机关秘书工作人员管理的规定》《关于领导干部报告个人重大事项的规定》等。

这一时期的纪检工作也是围绕反腐败和党风廉政建设开展。1993 年中央纪律检查委员会第二次全体会议对加强反腐败斗争，推进党风建设和廉政建设做出具体部署，把反腐败斗争作为重大政治任务来抓。1994 年中央纪律检查委员会第三次全体会议强调深入持久反腐败。1995 年中央纪律检查委员会会议仍然把反腐败和党员廉政建设作为重要任务。反腐败斗争是加强党的建设和政权建设，密切党和政府与人民群众的联系，保持社会稳定，保证改革开放和经济建设顺利进行的一项重要工作。反腐败除了订立规矩规范行为防止腐败行为发生外，还包括严惩已经发生的腐败行为。坚持重点查办党政领导机关、行政执法机关、司法机关、经济管理部门和县（处）级以上领导干部的违法违纪案件。

（三）纠正行业不正之风

行业不正之风，主要是指一些国家机关和公用事业部门凭借手中的权力，为本单位、为小团体、为个人谋取利益。广大群众对此极为不满，甚至已

达到了深恶痛绝的程度。这些行业的不正之风不但败坏了这些部门和行业本身的声誉,而且已经影响到党和政府与人民群众的关系。纠正行业不正之风关系到巩固党的领导、维护社会安定团结大局。纠正行业不正之风,主要抓好三个环节:一是思想教育是基础,牢记全心全意为人民服务这一根本宗旨,加强职业道德教育,结合培育爱岗尽责、优质服务的敬业精神和倡导诚实守信、办事公道、服务群众、奉献社会的职业道德活动来开展,切实解决群众关心的实际问题;二是制度建设是保证,各部门、各行业依据国家有关法律、法规,结合自己的具体情况,制定一套合乎本行业的科学而严明的制度与措施,严格贯彻执行,并持之以恒,不断检查督促;三是领导干部是关键,各级领导干部都要严于律己,一级抓一级,一级带一级,起表率作用。

(四)大力弘扬艰苦奋斗、不懈奋斗的精神

社会主义市场经济条件下,建设社会主义现代化,需要用什么样的精神来进一步凝聚、激励广大干部和人民群众,同心同德,克服困难,开拓前进,去夺取改革开放和现代化建设的新胜利呢?"历史和现实的经验告诉我们,进行伟大的创业,必须有伟大的创业精神。我们建设有中国特色的社会主义就是伟大的创业,必须大力弘扬党的艰苦奋斗的优良传统。"①党的性质和肩负的历史使命,决定了我们艰苦奋斗的本色。实现党的崇高理想需要经过长时间的奋斗,广大党员和干部无论在什么情况下都要发扬艰苦奋斗的精神,永不停步地前进。要在全党、全社会大力提倡高尚的社会主义思想道德和中华民族的优良传统,以艰苦奋斗、勤俭朴素为荣,以铺张浪费、奢侈挥霍为耻。

建设中国特色社会主义事业,是一项充满艰辛、充满创造的壮丽事业。伟大的事业需要并将产生崇高的精神,崇高的精神支撑和推动着伟大的事业。没有坚强精神的民族,是没有前途的。面对新世纪、新形势、新任务,特别需要在全党和全社会大力宣传和弘扬为实现社会主义现代化而不懈奋斗的精神。一是要宣传和弘扬解放思想、实事求是的精神。这是马克思主义的精髓,也是我们进行不懈奋斗的核心精神。二是要宣传和弘扬紧跟时代、勇

---

① 《十四大以来重要文献选编》(下),中央文献出版社2011年版,第325页。

于创新的精神。我们必须始终站在时代发展的前列,不断把事业推向前进,与时俱进,不断推进理论创新、体制创新、科技创新。三是要宣传和弘扬知难而进、一往无前的精神。前进的征途不会一帆风顺。奋斗就会有艰辛,艰辛孕育新的发展。要把现代化事业干成功,必须有一种不畏艰难、顽强拼搏的钢铁意志,一种坚忍不拔、敢于胜利的英雄气概。四是要宣传和弘扬艰苦奋斗、务求实效的精神。要发扬党的优良传统,使勤俭建国、勤俭办一切事业在全党、全社会蔚然成风。实干兴邦,空谈误国。要大力倡导讲实话,办实事,求实效,尽心尽力尽责,坚决反对和抨击做官当老爷,搞花架子,搞形式主义的坏作风。五是要宣传和弘扬淡泊名利、无私奉献的精神。先天下之忧而忧,后天下之乐而乐,心中装着人民,心中装着党的事业,是共产党人应有的品格。要有强烈的事业心和高度的责任感,清正廉洁,兢兢业业,对党极端负责,对人民极端负责。正确对待自己,正确对待同志,正确对待组织,正确对待群众。多学习、少应酬,多奉献、少计较,努力做一个高尚的人,一个纯粹的人,一个有道德的人,一个脱离了低级趣味的人,一个有益于人民的人。总之,通过宣传思想战线和其他各条战线的共同努力,日复一日、年复一年地不断用这些不懈奋斗的精神武装全党同志和全国各族人民,使之成为大家的自觉追求,成为抓住机遇、加快发展,实现社会主义现代化、实现中华民族伟大复兴的巨大精神动力。

六、坚持正面宣传教育引导与加强管理相结合

(一)宣传思想战线的主要任务

这一时期,宣传思想战线的主要任务是,要以科学的理论武装人,以正确的舆论引导人,以高尚的精神塑造人,以优秀的作品鼓舞人。

以科学的理论武装人,就是全体共产党员特别是各级领导干部,必须坚持不懈地学习马克思列宁主义、毛泽东思想、邓小平理论。通过学习,努力掌

握解放思想、实事求是这个精髓，提高运用马克思主义基本原理解决改革开放和现代化建设中各种实际问题的能力。以科学的理论武装人，还有一个重要方面，就是要引导广大党员和干部树立正确的世界观、人生观和价值观。面对改革开放和现代化建设这场深刻而伟大的历史变革，共产党员必须在改造客观世界的同时努力改造主观世界，坚定社会主义、共产主义的理想和信念，坚持全心全意为人民服务的宗旨，发扬为人民的利益甘于奉献的精神。这样，中国共产党才能增强战斗力、凝聚力，各级领导干部和党员才能经得起各种风浪的考验。

以正确的舆论引导人。舆论十分重要，千万不能忽视。一是要激励人民。用正确的舆论引导人，最根本的，是动员全体党员和全国各族人民为实现党的基本路线而奋斗，为实现人民群众的根本利益而奋斗，坚定不移地推进建设中国特色社会主义事业。一切宣传都要有利于党的团结和人民群众的团结，有利于人们奋发向上。二是要服务大局。正确处理改革、发展、稳定三者的关系，更好地为党和国家工作大局服务。三是要加强管理。

以高尚的精神塑造人。高尚精神就是指共产党的崇高理想和信念、优良传统和作风，也包括中华民族几千年形成、发展起来的优秀传统文化和美德。以高尚的精神塑造人，首先要弘扬党的正气。党是整个社会的表率，党的各级领导同志又是全党的表率。要促进社会风气的进步，必须搞好党风，各级领导同志必须以身作则，身教重于言传。深入进行爱国主义、集体主义、社会主义的宣传教育，把我们党一贯倡导的高尚精神，灌输到广大干部、群众的思想和行动中去。

以优秀的作品鼓舞人。宣传文化工作能不能团结人民、鼓舞人民，很大程度上要看有没有一大批好的精神产品。没有优秀作品，就没有正确导向。一个民族只有在努力发展经济的同时，保持和发扬自己的民族文化特色，才能真正自立于世界民族之林。能不能继承和发扬中华民族的优秀传统文化，吸收世界各国的优秀文化成果，建设中国特色社会主义文化，这是事关中华民族振兴的大问题，事关建设中国特色社会主义事业取得全面胜利的大问题。加强文化市场的管理。对那些毒害群众、毒化社会空气的精神垃圾，要坚决取缔，绝不能手软。为繁荣发展社会主义文化，中共中央宣传部从 1991

年开始组织实施精神文明建设“五个一工程”奖评选活动，鼓励文化艺术坚持正确的创作思想，深入生活，深入群众，满足广大群众的精神文化需求，为弘扬主旋律、提倡多样化，繁荣社会主义文化，发挥了导向作用。

（二）繁荣文化市场

党的十五大以后，中国特色社会主义文化建设以实施“精品战略”为核心，通过加强管理和深化改革，出现了文化繁荣发展的新局面。国家陆续制定和完善出版、印刷、音像制品、营业性演出以及广播电视等方面的管理条例，为文化精品进入市场提供了法律保障和政策扶持，使健康的文化产品占据文化市场的主导地位。到2000年底，全国广播、电视人口覆盖率分别达到92.5%和93.7%，比1995年分别提高13.7%和9.2%。反映时代精神、贴近人民生活的优秀作品不断涌现，群众文化生活日益丰富多彩，健康文明的社会氛围逐渐形成，社会主义文化阵地更加巩固。对外文化交流不断扩大，中国文化的国家影响力显著增强。

文化体制机制和传播手段不断改革创新，在经营性文化事业单位转企改制、完善文化工作管理体系、建设现代文化市场体系和文化政策法规体系等方面也取得了显著进展。“截止到2000年底，文化部门主管的文化娱乐业、音响业、演出业、艺术品经营等门类的产业单位有22.3万个，从业人员达91.9万人，创增加值118.9亿元。”①党和政府还把发展公益性文化事业作为保障人民群众文化权益的主要途径，不断加大财政投入力度，加强文化基础设施建设和重大文化项目建设。

（三）开展“扫黄”行动，完善文化市场管理

一个时期以来，随着西方腐朽文化的渗入和资产阶级自由化思潮的泛滥，色情、淫秽的出版物和音像制品大量制作、传播，严重腐蚀了人们的心灵，毒化了社会空气，成为青少年犯罪的一大诱因。1990年，在各有关部门的共

① 中共中央党史研究室：《中国共产党的九十年》，中共党史出版社、党建读物出版社2016年版，第843页。

同努力下,开展“扫黄”行动,文化市场面貌明显改观。“扫黄”斗争,既对思想政治工作提出了新的要求,又为加强思想政治工作创造了有利条件,对于改变思想战线软弱涣散的状态是一个突破。“扫黄”行动有力地打击了犯罪活动,有助于维护社会的稳定,对于消除社会的不安定因素,维护社会的正常秩序,起了重要作用。同时,“扫黄”行动净化了精神文明建设环境,为改革开放和各项工作的顺利进行扫清了思想障碍,受到全社会的广泛关注和普遍拥护。

大力加强文化市场管理和法制建设,查处非法出版活动,加强农村文化市场的管理。坚持一手抓繁荣,一手抓管理,持续进行“扫黄打非”活动,有关部门集中对宣扬封建迷信、伪科学和有严重政治问题的出版物进行彻底清理。宣传、文化、广播、出版、工商、公安等部门依法加强对农村图书发行、录像放映以及各种娱乐场所和文艺表演团体的管理,打击非法经营活动,有效抵御封建文化糟粕和外来腐朽文化的影响。“扫黄打非”成为深入持久开展的活动,为社会文明进步营造了健康的文化环境。

第三章　塑形：新世纪新阶段社会主义核心价值观的培育和践行

党的十六大以后，中国进入全面建设小康社会、加快推进社会主义现代化的新阶段。新世纪新阶段，我国意识形态和文化建设领域面临的发展机遇前所未有，同时也面临许多新的挑战和困难。经过改革开放二十多年的不懈奋斗，我国经济社会发展取得了巨大成就，人民生活得以改善。中国特色社会主义事业取得的伟大成就，为社会主义核心价值观的培育和践行提供了坚不可摧的实践基础。多年来，我国坚持不懈地建设社会主义精神文明，提高公民思想道德素质，提升社会文明程度，逐步形成了培育和践行社会主义核心价值观的指导思想和基本原则，开创了丰富多彩的实践活动，为新世纪新阶段培育和践行社会主义核心价值观提供了丰富的经验和有利的条件。

与此同时，进入新世纪，国际国内形势正在发生深刻变化，社会主义核心价值观的培育和践行也面临着严峻挑战。从国际环境看，如何通过培育和践行社会主义核心价值观筑牢思想防线，在积极吸收外来有益文化的同时抵御有害思想文化的渗透，不断巩固全党全国各族人民团结奋斗的共同思想道德基础，面临着新的挑战。从国内环境看，如何通过培育和践行社会主义核心价值观弘扬社会正气，更加有效地以社会主义核心价值体系引领社会思潮，进一步统一思想、凝聚力量，推动全社会形成良好的思想道德和文明和谐风尚，面临着新的挑战。从现代科技发展的影响看，如何通过培育和践行社会主义核心价值观加强自律和他律，更加有效地占领互联网等新兴媒体阵地，用先进的思想文化和高尚的道德情操引领网络文化，面临着新的挑战。

面对新问题新挑战，我国整合思想政治工作、社会主义精神文明建设、公民道德建设等方面的经验，创新性地提出建设社会主义核心价值体系的思想，把社会主义核心价值体系融入国民教育、精神文明建设的全过程，贯穿改革开放和社会主义现代化建设各领域，体现到精神文化产品创作生产传播各方面。以社会主义核心价值体系引领社会思潮，发展健康向上的网络文化，培育文明社会风尚,弘扬中华文化,共筑中华民族共有的精神家园。

一、推进社会主义核心价值体系建设

建设和谐文化是构建社会主义和谐社会的重要任务,社会主义核心价值体系是建设和谐文化的根本。2006 年 10 月召开的中共十六届六中全会,围绕构建和谐社会的主题,提出和阐发了建设社会主义核心价值体系的任务,会议指出:“马克思主义指导思想,中国特色社会主义共同理想,以爱国主义为核心的民族精神和以改革创新为核心的时代精神,社会主义荣辱观,构成社会主义核心价值体系的基本内容。”①2011 年 10 月,中共十七届六中全会通过了《中共中央关于深化文化体制改革推动社会主义文化大发展大繁荣若干重大问题的决定》,这是指导我国文化建设的纲领性文件,其中设专节部署推进社会主义核心价值体系建设,把建设社会主义核心价值体系作为文化改革发展的根本任务。建设社会主义核心价值体系,是我们党在思想文化建设上的重大理论创新和重大战略任务。它鲜明回答了在新的历史条件下,我们党用什么样的精神旗帜团结带领全体人民开拓前进、中华民族以什么样的精神风貌屹立于世界民族之林的重大问题。要坚持不懈地用马克思主义中国化最新成果武装全党、教育人民,用中国特色社会主义共同理想凝聚力量,用民族精神和时代精神鼓舞斗志,用社会主义荣辱观引领风尚,努力在全社会形成统一的指导思想、共同的理想信念、强大的精神力量和基本的道德规范。

(一)实施马克思主义理论研究和建设工程

为巩固马克思主义指导地位,推进马克思主义理论创新,深入回答重大理论和实践问题,不断推动用党的理论创新最新成果武装全党、教育人民、指导实践,中共中央提出实施马克思主义理论研究和建设工程。马克思主义理

---

① 《十六大以来重要文献选编》(下),中央文献出版社 2008 年版,第 661 页。

论研究和建设工程的主要任务包括三个方面:第一,以深入研究马克思主义特别是中国化马克思主义为根本任务,特别要加强对中国特色社会主义理论体系的研究,加强对社会主义核心价值体系的研究,为党的理论创新和理论武装提供坚实的学理支撑。第二,建设充分反映当代马克思主义最新理论成果的学科体系和教材体系,实施中国特色社会主义理论体系普及计划,推动中国特色社会主义理论体系进教材、进课堂、进头脑,加强和改进学校思想政治教育。第三,关心和爱护理论工作者,培养和造就一批马克思主义理论家,特别要重视培养中青年理论人才,加强对中青年理论骨干的培养,鼓励他们为党和人民事业的发展发挥思想库的作用,使他们成为社会主义核心价值体系的坚定信仰者、积极传播者和模范践行者。这项工程受到党和国家领导人的高度重视,也集中了全国的优秀理论工作者,到2012年,这项工程取得了丰硕的成果。

马克思主义中国化最新成果研究的广度和深度大大拓展。这一时期,推出《中国特色社会主义理论体系学习读本》《社会主义核心价值体系学习读本》,拍摄《复兴之路》《伟大的历程》《旗帜》等电视理论专题片,召开建设社会主义核心价值体系等研讨会数十次,在中央报刊发表理论文章4000多篇,中国特色社会主义旗帜、道路、理论体系和制度更加深入人心。

重大问题的研究和思想引导不断深入。确立了一大批专门课题,深入研究中国特色社会主义经济建设、政治建设、文化建设、社会建设、党的建设和生态文明建设中的重大问题,形成了一系列有价值的理论成果和对策建议。《理论热点面对面》系列通俗理论读物受到普遍欢迎,发行量突破400万册,已经成为一个标志性品牌;推出《六个“为什么”——对几个重大问题的回答》《划清“四个重大界限”学习读本》等一批重要理论读物;针对鼓吹新自由主义、民主社会主义、历史虚无主义、否定改革等错误思潮,组织发表重点理论文章,辨明理论是非、澄清模糊认识,很好地发挥了统一思想、凝聚共识的作用。

马克思主义学科体系基本建立。将马克思主义理论设为一级学科,下设6个二级学科。目前,全国一级学科博士点37个、硕士点133个,二级学科博士点和硕士点近600个;中央党校成立马克思主义基础理论部,中国社会科学院成立马克思主义研究院，一大批高校成立马克思主义学院，突出了马克思主义学科的地位，扭转了马克思主义学科一度弱化的倾向，为马克思主义的教学和研究提供了重要保障。哲学社会科学教材体系初步形成。《马克思主义哲学》《马克思主义政治经济学概论》《科学社会主义概论》《政治学概论》《社会学概论》《文学理论》《新闻学概论》《宪法学》《西方经济学》《西方哲学史》等30多种工程重点教材相继出版，其他100多种教材编写工作扎实推进，一个充分反映马克思主义中国化最新成果、充分反映中国特色社会主义丰富实践、充分反映各学科领域最新进展的哲学社会科学教材体系正在逐步形成。

高校思想政治理论课建设打开新局面。高校本科生思想政治理论课教材《马克思主义基本原理概论》《毛泽东思想和中国特色社会主义理论体系概论》《思想道德修养与法律基础》《中国近现代史纲要》陆续推出，并在全国高校统一使用；研究生思想政治理论课教学大纲《中国特色社会主义理论与实践研究》《中国马克思主义与当代》《马克思主义经典著作导读》《社会科学方法论》《自然辩证法》出版，在各高校推广使用。这些措施扭转了高校思想政治理论课教学一度弱化的状况，大学生的学习兴趣和满意程度显著提高。

马克思主义理论研究队伍人才辈出。全国成立了160多个课题组，直接参与工程的专家学者达3000多人，间接参与者达数万人；由中央有关部门联合举办的哲学社会科学教学科研骨干研修班达46期，培训5000多人，各地培训7万多人；从2007年起，由中宣部、教育部联合举办的高校思想政治理论课骨干教师研修班已连续举办32期，培训了3000多人；组织1500多人次开展国情调研，组织100多人次出国考察，邀请几十个国家的200多位知名学者来华交流。马克思主义理论研究和建设工程已经成为凝聚和造就马克思主义理论人才的重要平台。

(二)深入开展理想信念教育

中国特色社会主义是当代中国发展进步的根本方向，集中体现了最广大人民的根本利益和共同愿望。为坚定广大干部群众对中国特色社会主义的信心和信念，我们党提出深入开展理想信念教育，深入开展形势政策教育、国情教育、革命传统教育、改革开放教育、国防教育。

教育的重点对象是大中小学生和党员。2004 年,中共中央、国务院联合印发《中共中央、国务院关于进一步加强和改进未成年人思想道德建设的若干意见》和《中共中央、国务院关于进一步加强和改进大学生思想政治教育的意见》,这两个文件针对学生的理想信念教育做了详细规定。未成年人要从确立远大志向做起,树立和培育正确的理想信念。要进行中国革命、建设和改革开放的历史教育与国情教育,引导广大未成年人正确认识社会发展规律,正确认识国家的前途和命运,把个人的成长进步同中国特色社会主义伟大事业、同祖国的繁荣富强紧密联系在一起,为担负起建设祖国、振兴中华的光荣使命做好准备。大学生思想政治教育的核心是理想信念教育。要通过理想信念教育,引导学生树立正确的世界观、人生观和价值观。大学生的理想信念教育必须要坚持不懈地用马克思列宁主义、毛泽东思想、邓小平理论和“三个代表”重要思想武装头脑,深入开展党的基本理论、基本路线、基本纲领和基本经验教育,开展中国革命、建设和改革开放的历史教育,开展基本国情和形势政策教育,开展科学发展观教育,使大学生正确认识社会发展规律,认识国家的前途命运,认识自己的社会责任,确立在中国共产党领导下走中国特色社会主义道路、实现中华民族伟大复兴的共同理想和坚定信念。同时,要积极引导大学生不断追求更高的目标,使他们中的先进分子树立共产主义的远大理想,确立马克思主义的坚定信念。

共产党员更应该坚定理想信念。根据党的十六大和十六届四中全会精神,为进一步加强党的执政能力建设,全面推进党的建设新的伟大工程,确保党始终走在时代前列,更好地肩负起历史使命,2004 年 11 月 7 日,中共中央发布《关于在全党开展以实践“三个代表”重要思想为主要内容的保持共产党员先进性教育活动的意见》,决定从 2005 年 1 月开始,用一年半左右的时间,在全党开展以实践“三个代表”重要思想为主要内容的保持共产党员先进性教育活动。共产党员保持先进性的基本要求:一是要坚持理想信念,坚定不移地为建设中国特色社会主义而奋斗;二是要坚持勤奋学习,扎扎实实地提高实践“三个代表”重要思想的本领;三是要坚持党的根本宗旨,始终不渝地做到立党为公、执政为民;四是要坚持勤奋工作,兢兢业业地创造一流的工作业绩;五是要坚持遵守党的纪律,身体力行地维护党的团结统一;六是要坚持

"两个务必",永葆共产党人的政治本色。

通过党史学习教育培育理想信念。为纪念中国共产党成立 90 周年,中组部、中宣部、中共中央文献研究室、中共中央党史研究室、教育部、共青团中央联合发出《关于在党员、干部、群众和青少年中开展中共党史学习教育的通知》,决定于 2011 年在党员、干部、群众和青少年中开展中共党史学习教育活动。开展党史学习教育,是加强党的思想理论建设、推进社会主义核心价值体系建设的重要任务,是提高党员、干部、群众和青少年思想政治素质的重要方式,是巩固马克思主义在意识形态领域的指导地位、巩固全党全国各族人民团结奋斗的共同思想基础的重要途径。开展党史学习教育,对于广大党员、干部加深对党的认识,坚定共产主义理想和中国特色社会主义信念,认真践行全心全意为人民服务宗旨;对于各级领导干部增强继往开来的历史使命感,学习和运用党的历史经验提高治国理政本领,不断推动科学发展、促进社会和谐;对于广大群众尤其是青少年正确认识党的历史,牢固树立坚持中国共产党的领导、坚持中国特色社会主义道路的信心,继承和发扬党的光荣传统和优良作风,都具有十分重要的意义。开展党史学习教育,把《中国共产党历史》第一卷和第二卷、《中国共产党简史》《中国共产党新时期简史》等党史著作作为广大党员、干部、群众的基本学习教材,把《青少年学习中共党史丛书》等作为广大青少年的基本读物。引导党员、干部、群众全面了解和正确认识党的光辉历史、伟大成就、宝贵经验、光荣传统和优良作风。

(三)培育民族精神和时代精神

以爱国主义为核心的民族精神和以改革创新为核心的时代精神是社会主义核心价值体系的重要组成部分。

不断丰富民族精神和时代精神的内涵。民族精神是一个民族赖以生存和发展的精神支撑。一个民族,没有振奋的精神和高尚的品格,不可能自立于世界民族之林。在五千多年的发展中,中华民族形成了以爱国主义为核心的团结统一、爱好和平、勤劳勇敢、自强不息的伟大民族精神。爱国主义是中华民族最深厚的思想传统,最能感召中华儿女团结奋斗,我们党领导人民在长期实践中不断结合时代和社会的发展要求,丰富着这个民族精神。时代精神是一个时代的人们在推动社会发展过程中体现出来的精神面貌和优良品格,是激励一个民族奋发图强、振兴祖国的强大精神动力,构成了中国精神建设的重要内容。改革创新是当代中国最鲜明的时代特征,最能激励中华儿女锐意进取。

不断加强对民族精神和时代精神的教育引导。教育未成年人从增强爱国情感做起,进行中华民族优良传统教育和中国革命传统教育、中国历史特别是近现代史教育,引导广大未成年人认识中华民族的历史和传统,了解近代以来中华民族的深重灾难和中国人民进行的英勇斗争,从小树立民族自尊心、自信心和自豪感。教育大学生深入开展中华民族优良传统和中国革命传统教育,开展各民族平等团结教育,培养团结统一、爱好和平、勤劳勇敢、自强不息的精神,树立民族自尊心、自信心和自豪感。把民族精神教育与以改革创新为核心的时代精神教育结合起来,引导大学生在中国特色社会主义事业的伟大实践中,在时代和社会的发展进步中汲取营养,培养爱国情怀、改革精神和创新能力,始终保持艰苦奋斗的作风和昂扬向上的精神状态。

充分发挥爱国主义教育基地和各类公益性文化设施的作用。创造条件对全社会开放各类博物馆、纪念馆、展览馆、烈士陵园等爱国主义教育基地,对中小学生集体参观一律实行免票,对学生个人参观可实行半票。并且采取聘请专业人才、招募志愿者等方式建立专兼职结合的辅导员队伍,为学生开展参观活动服务。加强基层文化设施建设,推动公共博物馆、纪念馆和爱国主义教育基地免费开放,推进广播电视村村通、全国文化信息资源共享、社区和乡镇综合文化站(室)建设、农村电影放映、农家书屋等文化惠民工程,促进少数民族文化发展,覆盖全社会的公共文化服务体系进一步完善。

把爱国主义教育和开展红色旅游结合起来。这是面对新形势新任务,爱国主义教育方式的改进和创新。红色旅游,主要是指以中国共产党领导人民在革命和战争时期建树丰功伟绩所形成的纪念地、标志物为载体,以其所承载的革命历史、革命事迹和革命精神为内涵,组织接待旅游者开展缅怀学习、参观游览的主题性旅游活动。积极发展红色旅游,寓思想道德教育于参观游览之中,将革命历史、革命传统和革命精神通过旅游传输给广大人民群众,有利于传播先进文化,提高人们的思想道德素质,增强爱国主义教育效果,给人们以知识的汲取、心灵的震撼、精神的激励和思想的启迪，从而更加满怀信心地投入到建设中国特色社会主义事业之中。

利用重大纪念庆典活动宣传民族精神和时代精神。围绕隆重纪念毛泽东同志诞辰110周年，邓小平同志诞辰100周年，抗日战争暨世界反法西斯战争胜利60周年，长征胜利70周年，中华人民共和国成立55周年、60周年等重大活动，宣传党的奋斗历程和辉煌业绩。大力弘扬新时期涌现出来的时代精神，向时代楷模学习，宣传载人航天精神，推出井冈山精神、西柏坡精神、延安精神和红旗渠精神的大型展览，推出一批体现时代精神的先进典型。2009年，围绕庆祝中华人民共和国成立60周年，开展了丰富多彩的宣传教育活动，极大地振奋了民族精神，激发了爱国热情，唱响了共产党好、社会主义好、改革开放好、伟大祖国好、各族人民好的时代主旋律。举办《辉煌六十年》成就展，排演大型音乐舞蹈史诗《复兴之路》，制作播出大型文献专题片《辉煌六十年》，完善并复展《复兴之路》大型主题展览，组织出版《辉煌历程——庆祝新中国成立六十周年重点书系》，集中推出电影《建国大业》、电视剧《解放》等一批优秀影视作品。深入开展群众性爱国主义教育活动和"迎国庆、讲文明、树新风"活动，精心组织"一百位为新中国成立做出突出贡献的英雄模范人物和一百位新中国成立以来感动中国人物"评选活动，举办"爱国歌曲大家唱"等群众性歌咏活动，营造了全国各族人民同庆共和国生日的浓厚氛围，形成了高举旗帜、爱党爱国，昂扬向上、开放自信，敬业奉献、开拓创新，团结奋进、继往开来的宝贵精神财富，成为激励全国各族人民全面推进中国特色社会主义事业的强大精神力量。

(四)倡导社会主义荣辱观

针对一个时期以来，一些人价值观发生扭曲、是非观念淡漠，部分社会成员思想道德失范等突出问题，为了在全社会进一步划清是非、善恶、美丑的界限，旗帜鲜明地表明坚持什么、反对什么，倡导什么、抵制什么，2006年开始倡导社会主义荣辱观。

社会主义荣辱观集中体现了社会主义基本道德规范的本质要求。作为全社会普遍奉行的价值观念和道德准则，社会主义荣辱观，既有先进性的导向，又有广泛性的要求，贯穿社会生活的各个领域，覆盖各个利益群体，涵盖了人生态度、社会风尚等方方面面，是我们党在社会价值日趋多元的背景下加强思想道德建设的一个重要成果。

二、建设中华民族共有精神家园

中华文化是中华民族生生不息、团结奋进的不竭动力。中华民族共有精神家园是整个中华民族共同依托、共同传承、共同发扬的文化精神、价值观念和情感态度的总和。这个精神家园反映的是中华儿女在长期共同生活、共同奋斗和共同发展过程中形成的共同价值取向、道德规范、精神气质、情感态度等凝聚而成的民族精神合力。

首先，建设中华民族共有精神家园，要以弘扬中华优秀传统文化为关键。中共十七届六中全会通过的《中共中央关于深化文化体制改革推动社会主义文化大发展大繁荣若干重大问题的决定》明确指出："优秀传统文化凝聚着中华民族自强不息的精神追求和历久弥新的精神财富，是发展社会主义先进文化的深厚基础，是建设中华民族共有精神家园的重要支撑。"任何一个民族文化的延续发展，都是在既有的文化传统基础上进行的，否定传统、割断历史，就会迷失方向、丧失根本，民族的精神家园也就无从安置。在经济全球化条件下建设中华民族共有精神家园，必须充分认识和挖掘我国优秀传统文化，继承和弘扬中华文化的优良传统，从而使中华民族的精神血脉得以薪火相传。加强中华优秀传统文化教育，运用现代科技手段开发利用民族文化丰厚资源。加强对各民族文化的挖掘和保护，重视文物和非物质文化遗产保护，做好文化典籍整理工作。

其次，建设中华民族共有精神家园，要以建设富有时代气息的现代文化为重点。要使中华文化富有生命力，使中华民族共有精神家园富有时代性，就必须在继承弘扬优秀传统文化的同时，立足中国特色社会主义伟大事业，适应全面建设小康社会奋斗目标的新要求，努力建设以社会主义核心价值体系为内核,与社会主义先进文化相衔接的现代中华文化。

最后,建设中华民族共有精神家园,必须以吸收外来有益文化为补充。在国际文化交流日益频繁的今天,我们必须坚持以我为主、为我所用的原则,博采各国文化之所长,吸收外来有益文化为补充,促进中华民族文化体系更加丰富和完善,为中华民族精神家园增添更多亮丽的风景线。

弘扬中华文化从中小学抓起。2004 年,中宣部、教育部制定并印发《中小学开展弘扬和培育民族精神教育实施纲要》(简称《纲要》)。《纲要》指出,中小学开展弘扬和培育民族精神教育要以爱国主义教育为核心,以中华传统美德和革命传统教育为重点,引导学生树立以热爱祖国、报效人民为最大光荣,以损害国家和人民利益、民族尊严为最大耻辱的观念;帮助学生了解中华民族的历史和优良传统,中华民族创造的灿烂文化对人类发展的贡献;帮助学生理解创新是民族进步的灵魂,是一个国家兴旺发达的不竭动力。《纲要》要求,要通过各学科有机渗透民族精神教育的内容。中小学德育课程和人文社会科学课程要充实体现民族精神的丰富内涵;理科课程应结合教学内容,丰富中国科学家的科学成就和民族精神的内容;艺术课应包含经典民乐、民歌、民族戏剧欣赏和中国画、书法艺术欣赏的内容;体育课应适量增加中国武术等内容。要利用春节、清明节、中秋节等传统节日,劳动节、青年节、儿童节、建党节、建军节、国庆节等重要节日以及重要事件和重要人物纪念日,开展丰富多彩的主题教育活动。

开展"我们的节日"主题活动。节日特别是传统节日是弘扬中华文化、建设中华民族共有精神家园的重要载体,也是汇聚广大人民群众积极参与的活动。为弘扬中国的节日文化,2007 年 12 月,国务院决定对《全国年节及纪念日放假办法》做出修改,增加清明节、端午节、中秋节为全国人民放假的节日。开展"我们的节日"主题活动,以社会主义核心价值体系建设为根本,以群众广泛参与为关键,以经典诵读、节日民俗、文化娱乐和体育健身活动为载体,坚持贴近实际、贴近生活、贴近群众,坚持立足当地、因地制宜、就近就便,积极创新传统节日的形式和载体,深入挖掘传统节日的文化内涵,着力引导人们继承和弘扬中华民族的优秀传统,着力营造民族团结、国家统一、社会和谐、家庭幸福的浓厚节日氛围,更好地聚中国人的心、铸中国人的魂。春节、元宵节期间,突出辞旧迎新、团圆平安、尊老爱幼的主题,举办联欢晚会、焰火晚会、迎春灯会、庙会、秧歌会等活动,营造安定和谐、欢乐祥和的喜庆氛围。清明节期间,突出纪念先人、缅怀先烈的主题,举办祭奠英烈、寻根祭祖、清明诗会、扫墓踏青等活动,引导人们正确认识和理解中华民族的优良传统和革命传统,珍惜幸福生活。端午节期间,突出人与自然和谐共处的主题,举办赛龙舟、划旱船、水上拔河、远足登山等活动,增强人们的爱国情感,提高人们的科学意识。中秋节期间,突出团结、团圆、庆丰收的主题,举办民俗文化庙会、中秋赏月等活动,努力营造民族团结、国家统一、社会和谐的节日氛围。七夕节、重阳节期间,突出爱情忠贞、家庭幸福、敬老孝亲的主题,举办乞巧、对歌、联欢会、登高、赏菊、敬老等活动,引导人们追求爱情美满、家庭和睦的美好生活,大力弘扬尊老敬老的传统美德。自活动开展以来,"我们的节日"主题活动紧紧围绕培育和弘扬社会主义核心价值观,通过经典诵读、节日民俗、文化娱乐和体育健身等多种形式,不断赋予中华民族传统节日以新的生命力和感召力,让传统节日文化走进人们的日常生活、浸润人们的精神世界。经过十多年的努力,"我们的节日"主题活动已成为传承中华文化、建设精神文明的一个响亮品牌,在培育和弘扬社会主义核心价值观中发挥了重要作用。

建设中华民族共有精神家园,必须在中外文化交流中推动中华文化走出去。文化"走出去",凸显了一个文明古国走向文化复兴的坚定决心,是实现文化自强、提升国家"软实力"的必经之路。文化走出去,在异域文化场景中,更有利于我们构建中华民族共有的精神标识。到2012年我国与100多个国家签订了文化合作协议,以"文化年""国家年""交流年"为主题开展了各类大型国际文化活动;在海外,已建成巴黎、柏林、东京等多个中国文化中心;不同规模的中国文化节、艺术节,"相约北京""上海国际艺术节"等国际性文化交流品牌已成为传播中华文化的重要载体。党的十六大以来,中国文化越来越得到国际认同,中国文化的力量越来越受到国际的重视。

三、培育社会文明新风尚

随着改革不断深化，深层次的问题日益突出，协调各方面关系、化解社会矛盾的难度加大，尤其是一些民生问题容易造成人们情绪波动和思想困惑。同时，社会的深刻变革也带来思想观念的深刻变化，社会思想意识日益活跃。受各种因素影响，拜金主义、享乐主义、极端个人主义仍在社会上蔓延滋长。这就要求我们党深入推进公民道德建设，建设和谐文化，弘扬社会正气，培育文明风尚。2003 年 9 月 11 日，中央精神文明建设指导委员会决定，将中央印发《公民道德建设实施纲要》的 9 月 20 日定为“公民道德宣传日”，在这一天评选表彰全国道德模范，举办公民道德论坛。

（一）充分发挥道德模范的榜样引领作用

伟大时代需要崇高精神的支撑，伟大事业需要榜样力量的引领。道德模范是群众推选出来的身边榜样，在他们身上集中体现了中华民族的优秀品质，集中表达了人民群众的道德追求，集中反映了社会进步的时代精神。一个典型就是一面旗帜，一个模范就是一座丰碑，他们是推进公民道德建设最有说服力、最有影响力的鲜活教材。新世纪新阶段，我国表彰了许多道德模范，开启了全国道德模范评选表彰活动。2007 年 9 月，由中央文明办、全国总工会颁布《关于表彰全国道德模范的决定》，并且联合共青团中央、全国妇联组织开展了首届全国道德模范评选表彰活动，经群众推荐、审核公示、评委评选和群众投票评选等程序，53 名同志荣获“全国道德模范”，254 名同志荣获“全国道德模范提名奖”。随后，中央精神文明建设指导委员会（以下简称“中央文明委”）做出《关于进一步做好评选表彰全国道德模范工作的决定》，认为评选表彰全国道德模范是建设社会主义核心价值体系的有效途径。道德模范具体生动形象地体现了社会主义核心价值体系的要求，开展评选表彰全国道德模范活动，有利于弘扬中华民族传统美德，有利于弘扬社会发展进步的时代精神,有利于加深人们对社会主义核心价值体系的理解与认同,是用社会主义核心价值体系引领社会价值取向的有效途径和成功实践。社会主义核心价值体系建设是一项长期的任务,评选表彰全国道德模范活动也要长期开展下去。全国道德模范评选表彰每两年举办一届。全国道德模范是中央文明委授予公民在道德领域的崇高荣誉称号。根据公民基本道德规范的要求和道德建设的实际,全国道德模范评选表彰设"全国助人为乐模范""全国见义勇为模范""全国诚实守信模范""全国敬业奉献模范"和"全国孝老爱亲模范"五个奖项;每个奖项各表彰 10 人左右。同时,设"全国道德模范提名奖"。2009 年 9 月,如期举办了第二届全国道德模范评选活动,经群众推荐、审核公示和群众投票、评委评选等程序,55 名同志荣获"全国道德模范"称号,262 名同志荣获"全国道德模范提名奖"。

为深入开展学习宣传道德模范活动,使他们的先进事迹广泛传播,让他们的崇高精神广为弘扬,转化成全社会道德建设的共同财富和形成良好文明风尚的自觉行动,2008 年,中央文明办发出《关于组织开展全国道德模范巡讲活动的通知》,要求各地组织当地的全国道德模范及提名奖获得者、本省(区、市)道德模范进社区、进村镇、进校园、进企业、进机关、进军营,举行报告、演讲、座谈等形式多样的活动,与干部群众面对面地谈心交流,让道德模范主动走进公众中间,让人们自觉走近道德模范,深入了解道德模范,努力学习道德模范,不断提高自身的道德修养。在组织巡讲活动中,既要生动深入宣传道德模范的先进事迹,又要加强对道德热点问题的教育引导。可邀请知名专家学者、在群众中有威望的老干部、老教师、老劳模等进行现场点评讲解,积极利用"社区议事会""道德评议会""小巷论坛""乡村道德协会"等群众性组织,街谈巷议,有感而发,引导人们对照道德模范的先进事迹,评议身边人和事,批评不道德现象,形成健康向上的基层道德舆论场,使巡讲活动成为群众自我教育、自我提高的有效载体。

为关爱道德模范,2007 年,由中央文明办制定《帮扶生活困难道德模范实施办法》,对生活困难的全国道德模范进行帮扶。建立帮扶生活困难道德模范的长效机制,体现党和政府对道德模范的关爱,弘扬社会正气,更好地发挥道德模范的榜样作用。重点帮扶生活困难的全国道德模范和提名奖获得者。

采取分级负责的方式，生活困难的全国道德模范由中央文明办负责帮扶；生活困难的提名奖获得者，由各省（区、市）负责帮扶。

充分利用报刊、广播、电视和互联网、手机短信等各种媒体，通过新闻宣传、文艺作品、公益广告和群众性文化活动等多种方式，广泛宣传道德模范的感人事迹和优秀品质，大力弘扬助人为乐、见义勇为、诚实守信、敬业奉献、孝老爱亲的崇高精神。中央文明办、国家广电总局、中央人民广播电台联合创作录制了第二届全国道德模范系列广播剧《中国好人》，在中央人民广播电台播出后，产生了热烈的社会反响。国家广电总局、中央文明办决定，从 2010 年 6 月起，将该剧在全国地市以上电台广泛播出，进一步扩大传播效果，在全社会营造学习道德模范、崇尚道德模范、争当道德模范的浓厚氛围。同时，在中国文明网、中国广播网推出专题页面，集中展示《中国好人》作品音频及创作图文资料，及时报道各地播出情况及各界反响，并开通网友论坛，方便群众在线点听和参与评议。

重视运用民间舆论推介道德模范，对群众通过网络等方式发现“草根善举”、捧红“道德明星”的现象，及时关注，给予支持、鼓励和引导，保护和激发群众自我教育的热情。2008 年，中央文明办开展了“我推荐、我评议身边好人”活动，切实发挥网络优势，建设广大群众推举、评议“身边好人”的长效机制和活动平台。为进一步推动活动深入基层，各省（自治区、直辖市）文明办组织各地在县级以上城市人群较集中的场所，至少设立一处“好人榜”户外宣传栏，介绍活动背景，宣传当地的好人事迹，公布“身边好人”推荐方式；鼓励在街道、学校、企业、机关、社区也设立“好人榜”户外宣传栏。

（二）广泛开展文明新风创建活动

创建文明城市、文明村镇、文明单位是人民群众移风易俗、改造社会、建设美好生活的伟大创造，是群众积极参与精神文明建设实践，进行自我教育、自我提高的重要载体。党的十六大以来，文明城市创建活动更加规范，形成了制度依据和测评体系。中央文明委分别于 1999 年 9 月和 2002 年 10 月，先后两次表彰了精神文明创建工作先进单位。在这两次“全国创建文明城市工作先进城市”评选表彰的基础上，2003 年，中央文明委印发《关于评选表彰全国文明城市、文明村镇、文明单位的暂行办法》,2004年,印发《全国文明城市测评体系(试行)》。为注重总结第一届全国文明城市评选表彰的经验,2008年,中央文明委完善了《全国文明城市测评体系》,对全国文明城市(城区)的定义、申报条件、基本测评指标、数据采集方法以及实地考察方法都做了详细规定,全国文明城市创建工作开始常态化、规范化、制度化推进。同时文明村镇、文明单位评选表彰活动也广泛推进。2005年开展了首届“全国文明城市评选表彰活动”,授予张家港市等12个城市(区)全国文明城市(区)称号、北京市丰台区王佐镇南宫村等494个村镇全国文明村镇称号、北京天坛医院等1001个单位全国文明单位称号;授予北京市东城区等58个城市(区)全国创建文明城市工作先进城市(区)称号、北京市朝阳区高碑店乡等993个村镇全国创建文明村镇工作先进村镇称号、北京急救中心(本部)等1999个单位全国精神文明建设工作先进单位称号。为巩固文明城市创建成果,2008年,中央文明办根据《全国文明城市测评体系》对张家港市等首批10个全国文明城市(区)进行了复查,以此巩固创建成果,提高创建水平,在全国文明城市创建工作中发挥示范带头作用,推动精神文明创建活动深入开展。2009年和2011年,中央文明委评选表彰了第二批、第三批全国文明城市(城区)、文明村镇、文明单位,推动精神文明创建活动广泛深入开展。

公益广告是传播社会主义精神文明的生动载体,是十六大以来弘扬社会主义核心价值观的有效新形式。十六大以来,中央文明办多次开展公益广告征集活动和优秀公益广告评选活动。2005年3月,中央文明办、国家工商总局、国家广电总局、新闻出版总署联合开展了以构建社会主义和谐社会、未成年人思想道德教育和诚信建设为主题的全国思想道德公益广告征集比赛,征集比赛中产生了一批主题鲜明、导向正确、创意新颖、制作精良,体现政治性、思想性、艺术性、观赏性相统一的精品。中央文明办、国家工商总局、国家广电总局、新闻出版总署综合专家评审和公众投票结果,决定对《丰富农村文化,谱写和谐乐章》等21部影视作品,《包装纸》等12件影视创意脚本,《行为系列之天坛篇·长城篇·西湖篇》等12件平面作品,《节约用水》等3件广播作品以及首都文明办等28个单位,予以表彰奖励。2008年,为大力宣传中华民族传统节日,充分展现中华民族优秀传统文化,营造万家团圆、欢乐吉祥、民族团结、社会和谐的节日氛围，倡导尊重传统、认知传统、弘扬传统的社会风尚，中央宣传部、中央文明办、国家工商总局、国家广电总局、新闻出版总署联合组织开展了“我们的节日·春节”主题公益广告宣传活动，人民日报、光明日报、经济日报、中央人民广播电台、中央电视台分别设计制作了平面、广播、影视类公益广告作品，在中央、地方和行业媒体进行大规模刊播。2009年，为庆祝新中国成立60周年，充分发挥公益广告在激发爱国热情、弘扬社会新风中的重要作用，推动“迎国庆讲文明树新风”活动深入开展，中央宣传部、中央文明办、国家工商总局、国家广电总局、新闻出版总署决定组织开展“迎国庆讲文明树新风”公益广告宣传活动。

（三）深入开展志愿服务活动

志愿服务体现着民众的社会责任意识，是人们自觉为他人和社会服务、共同建设美好生活的生动实践，是现代社会文明程度的重要标志，是推进社会主义核心价值观培育和践行的有效途径。我国的志愿服务作为伴随改革开放出现的新生事物，是长期开展的学雷锋活动的发展和延续，有着广泛的群众基础和独特的优势。进入21世纪，我国各种形式的志愿服务活动发展很快，党员志愿者、社区志愿者、职工志愿者、青年志愿者、大学生志愿者、巾帼志愿者、家庭志愿者、老年志愿者、扶残助残志愿者、红十字志愿者、治安志愿者、科普志愿者等各类志愿服务队伍比较活跃，成为社会主义精神文明建设的重要力量。同时，为进一步完善社会志愿服务体系，积极培育文明风尚，不断提高公民文明素质、社会文明程度和群众生活质量，2008年，中央文明委印发《关于深入开展志愿服务活动的意见》，就普及志愿理念、弘扬志愿精神提出指导意见。鼓励全社会宣传志愿精神，营造关心、支持和参与志愿服务的浓厚社会氛围，深入开展多种形式的志愿服务活动，为人们关爱他人、奉献社会搭建平台，要求各级政府进一步建立健全志愿服务活动的运行机制，不断提高志愿服务的科学化、规范化、专业化和社会化水平，切实加强对志愿服务活动的组织领导，健全组织领导，加大经费投入。

以奉献、友爱、互助、进步为主要内容的志愿精神，体现了中华民族的传统美德，反映了社会发展进步的时代要求，是志愿服务活动的核心，也是推动志愿服务活动长期深入开展的内在动力和有力支撑。21世纪以来，我国广泛普及志愿理念，大力弘扬志愿精神，推动形成关心、支持和参与志愿服务的良好氛围。新闻媒体也切实加大了志愿服务的宣传力度，充分发挥报刊、广播、电视、互联网、手机短信等大众传媒的作用，运用新闻报道、言论评论、公益广告等形式，普及志愿服务知识，宣传志愿服务活动的经验和志愿者的感人事迹，引导人们尊重志愿者和志愿者的劳动，营造有利于志愿服务的浓厚舆论氛围。

新世纪新阶段，我国开展形式多样的志愿服务活动。着眼于讲文明树新风开展志愿服务活动，组织开展普及文明风尚志愿服务，更好地传播文明理念，倡导团结互助精神，引导人们知礼仪、重礼节、讲道德。如广泛开展基层文化志愿服务活动，在春节期间组织开展的"红红火火过大年"主题志愿活动。组织开展科技、文体、法律、卫生志愿服务，普及科学知识、传播先进文化、开展法律援助、提供医疗卫生服务，不断丰富广大群众重点是农村、偏远地区和进城务工人员的精神文化生活。如连续多年组织开展大中专学生志愿者暑期文化科技卫生"三下乡"社会实践活动，2010年派百名志愿者开展西部文化建设志愿服务活动。组织开展社会治安志愿服务，普及法律知识，加强治安防范，完善群防群治网络。组织开展窗口行业志愿服务，动员公共服务行业和涉外窗口行业的干部职工以志愿服务的形式，为人们提供各种延伸服务和便民服务。组织开展保护生态环境志愿服务，宣传生态文明观念和环境保护知识，大力推动义务植树、绿化美化、清理脏乱、整治污染等行动，使天更蓝、水更清、地更绿，逐步形成良好的人居环境和生态环境。如2012年开展的"关爱自然、义务植树"志愿服务行动。着眼于扶危济困开展志愿服务活动，如2012年组织开展"关爱他人——爱幼助残志愿服务行动"，2009年举办"百万空巢老人关爱志愿服务行动"；着眼于大型社会活动的顺利进行开展志愿服务活动，如2009年组织开展"迎世博讲文明树新风"志愿服务活动；着眼于应急救援开展志愿服务活动等。

大力弘扬雷锋精神，为新世纪新阶段推进志愿服务活动注入社会主义价值内涵。雷锋是实践社会主义、共产主义思想道德的楷模，以短暂的一生谱写了无比壮丽的人生诗篇，树起了一座令人景仰的思想道德丰碑，是全国人民学习的光辉榜样。雷锋精神是中华民族精神的重要内容,哺育和激励了一代又一代人成长。2012 年,中共中央办公厅印发《关于深入开展学雷锋活动的意见》,推动学雷锋活动常态化。新世纪学雷锋活动以社会志愿服务为载体,推动建立参与广泛、形式多样、活动经常、机制健全的社会志愿服务体系。贴近人们的生产生活需求,开展扶老助残、帮困解难、应急救助、便民利民的社会志愿服务,开展倡导文明礼仪、维护秩序、保护环境的社会志愿服务。面向留守老人、留守儿童、农民工、残疾人等特殊群体,开展志愿帮扶活动。面向边远地区、民族地区,开展教育、科技、文化、卫生等方面的社会志愿服务。

(四)深入农村、社区基层开展文明新风培育活动

农村和社区是我国人民活动的主要场所,特别是随着社会主义市场经济体制的发展,基层承担着越来越重的文化建设任务。

为加强农村精神文明建设,2005 年,中共中央办公厅、国务院办公厅印发《关于进一步加强农村文化建设的意见》,强调了加强农村文化建设的重要性和紧迫性,指出了农村文化建设的指导思想和目标任务,提出加强农村公共文化建设,丰富农民精神文化生活,创新农村文化建设的体制机制,动员社会力量支持农村文化建设,加强对农村文化建设的组织领导。2011 年 2 月,中共中央办公厅、国务院办公厅印发《关于进一步加强新形势下农村精神文明建设工作的意见》,《意见》指出,农村精神文明建设是社会主义精神文明建设的重要组成部分,是社会主义新农村建设的重要内容。新形势下,应突出抓好群众性精神文明创建活动,着力培育新农民、倡导新风尚、发展新文化,着力提高农民思想道德文化素质和农村社会文明程度。《意见》对开展农村精神文明建设的具体形式、活动方式、组织领导等做了详细阐释。为充实基层文化宣传队伍,2010 年制定《关于加强地方县级和城乡基层宣传文化队伍建设的若干意见》,强调地方县级和城乡基层宣传文化队伍是党的宣传文化队伍中一支十分重要的力量,主要包括县(市、区、旗)、乡镇、村和街道、社区从事宣传思想文化工作的干部和文化工作者。这支队伍担负着用党的理论路线方针政策宣传群众、教育群众、服务群众的重要职责,在推动科学发展、促进社会和谐、繁荣文化事业中发挥着重要作用。2003—2005 年中央文明办、

共青团中央联合开展了“百县千乡宣传文化工程”志愿服务行动。在总结这次活动经验的基础上，为引导高校毕业生投身农村基层宣传文化工作，中央文明办、共青团中央、文化部、教育部决定，2010 年共同组织开展西部文化建设志愿服务活动试点工作，向内蒙古、四川部分乡镇文化站选派 100 名左右志愿者服务 1 年。为进一步动员社会各界关心支持社会主义新农村建设，在新起点上促进农村经济社会又好又快发展，中央宣传部、中央文明办、教育部、科技部、司法部、农业部、文化部、卫生部、国家人口计生委、国家广电总局、新闻出版总署、共青团中央、全国妇联、中国科协，连续多年深入开展文化科技卫生“三下乡”活动。为扎实推进农村精神文明建设，促进农村经济社会又好又快发展，国家工商行政管理总局、中央文明办、中央农村工作领导小组办公室、公安部、国家税务总局决定在全国农村广泛开展创建文明集市活动，并针对农村集市的特点和现状，制定了《创建文明集市示范标准》，广泛开展创建“诚信经营户”“星级经营户”“放心消费户”“文明摊位”等活动，引导和激励经营者诚信经营。

在城市社区重点开展科教、文体、法律、卫生“四进社区”活动。2002 年中央文明办等十部门在全国组织开展科教、文体、法律、卫生“四进社区”活动。科教进社区，以“讲科学文明、建和谐社区”为主题，以人与自然和谐相处为目标，广泛开展科普展览、科学知识竞赛、科普旅游、科普文艺表演等群众喜闻乐见的科普活动。文体进社区，以促进社区居民之间的相互交流与沟通、建立新型的社区人际关系为目标，依托社区文体场所，广泛组织丰富多彩的社区群众性文体活动。法律进社区，积极推动“三官两员”(警官、法官、检察官、律师、公证员)进社区活动，与社区建立长期指导服务制度，广泛开展法律咨询、普法宣传展览、法律援助等活动，及时化解社区居民的各种矛盾和问题，疏导社会情绪，维护社会稳定。卫生进社区，从解决社区居民就医难等实际问题入手，建立健全社区医疗卫生服务站，提高医疗水平，规范服务行为，为社区居民提供优质便捷的医疗卫生服务。各部门组织开展了各种形式的进社区活动，其中比较大的活动主要有优秀体育项目展演活动、万家社区图书室援建活动、万家社区读书活动，还组织了全国万家社区文明建设知识竞赛、全国城市体育先进社区评选活动等。

家庭和市场主体也成为这一时期精神文明建设关注的对象。如深入推进婚育新风进万家活动，已成为人口和计划生育宣传教育工作及群众性精神文明创建活动的知名品牌，有力地促进了社会主义先进文化建设和精神文明建设。2010年，全国妇联、中央文明办、国家发展改革委共同开展“低碳家庭·时尚生活”主题活动，倡导广大家庭实行低能量、低消耗、低开支、低代价的低碳生活方式，享受绿色时尚生活，引导广大家庭成员从自己做起、从家庭做起、从点滴做起，为形成节约能源资源和保护生态环境的生活理念、消费模式，为发展绿色经济、低碳经济和循环经济贡献力量。2010年，全国妇联、中央文明办、中央外宣办、教育部、工业和信息化部联合开展“净化社会文化环境家庭护卫行动”，深入社区、面向基层，发动全国亿万家庭积极参与净化社会文化环境活动，自觉抵制互联网和手机媒体淫秽色情和低俗有害信息，优化未成年人健康成长的家庭环境，促进形成健康良好的社会风尚。在引导市场主体遵守诚信方面，中央宣传部、中央文明办、发展改革委、商务部、工商总局、质检总局、全国总工会、共青团中央八部门联合开展“百城万店无假货”活动，引导商贸企业树立以“八荣八耻”为主要内容的社会主义荣辱观，大力倡导爱国、敬业、诚信、友善等道德规范。

四、发展健康向上的网络文化

进入新世纪，现代信息技术突飞猛进，带来文化生产和文化传播方式的革命性飞跃。互联网的迅速发展和广泛普及，日益深刻影响着人们的社会生活和精神生活。特别是3G手机的应用，进一步推动了由固网互联网向移动互联网延伸，使人人、时时、处处上网成为可能。互联网已成为覆盖广泛、快捷高效、影响巨大的大众传媒，成为思想文化信息的集散地和社会舆论的放大器，对人们特别是知识分子和青年学生的影响越来越大。这既为培育和践行社会主义核心价值观开辟了新阵地，也带来了新挑战。为发挥互联网、手机短信等新媒体的作用，扩大社会主义核心价值体系宣传的覆盖面和影响力,我国制定了建设网络文化的指导意见和政策措施。

主动占领网络教育新阵地。一是宣传部门应适应媒体格局的新变化,努力提高驾驭互联网、手机等新兴媒体的能力。按照"积极利用、科学发展、依法管理、确保安全"的方针,一手抓建设、一手抓监管,一手抓运用、一手抓引导,把对互联网、手机等新兴媒体的建设和管理提高到新水平。推动主流媒体向互联网延伸,做强做大中央和各省重点新闻网站,有条件的建设网络广播电视台,积极拓展网络多媒体、移动多媒体、手机报、手机短信等新兴领域和新兴传播阵地,不断扩大主流媒体的辐射力和影响力,积极引导主要商业网站,共同形成网上主流舆论强势。二是要加强网络宣传队伍建设,培养一支具有较高思想政治理论水平、较强政治敏锐性、较大网上影响力的网络评论员队伍,使之成为网上舆论引导的一支重要力量。三是打造新平台。积极推动手段创新,善于运用互联网、移动通信等先进传播技术,打造道德建设的新平台,善于运用手机短信、社交网络、微博等新媒体,传播和弘扬道德文化,努力使新兴媒体成为传播社会主义精神文明的前沿阵地,成为提供健康向上精神文化生活的有效平台,成为提升公民思想道德素质的广阔空间。四是实施网络内容建设工程,推动优秀传统文化瑰宝和当代文化精品网络传播,制作适合互联网和手机等新兴媒体传播的精品佳作,鼓励网民创作格调健康的网络文化作品。加快用新媒体整合各种道德教育资源,把典型宣传、道德实践、红色旅游等重点项目植入互联网,使思想道德建设网上网下互动联动、相得益彰。五是支持重点新闻网站加快发展,打造一批在国内外有较强影响力的综合性网站和特色网站,发挥主要商业网站建设性作用,培育一批网络内容生产和服务骨干企业。发展网络新技术新业态,占领网络信息传播制高点。六是特别要做好校园网建设。全面加强校园网建设,使网络成为弘扬主旋律、开展思想政治教育的重要手段。利用校园网为大学生学习、生活提供服务,对大学生进行教育和引导,不断拓展大学生思想政治教育的渠道和空间。建设好融思想性、知识性、趣味性、服务性于一体的主题教育网站或网页,积极开展生动活泼的网络思想政治教育活动,形成网上网下思想政治教育的合力。要密切关注网上动态,了解大学生的思想状况,加强同大学生的沟通与交流,及时回答和解决大学生提出的问题。运用技术、行政和法律手段,加强校园网的管理,严防各种有害信息在网上传播。加强网络思想政治教育队伍建设,形成网络思想政治教育工作体系,牢牢把握网络思想政治教育主动权。

净化网络文化环境。发展健康向上的网络文化,必须一手抓建设、一手抓监管,一手抓应用、一手抓引导,高度重视、切实加强网络视频文化的发展和管理,坚决打击网络淫秽色情视频的传播和蔓延,净化网络文化环境。运用法制规范管理,加强网络法制建设,加强对社交网络和即时通信工具等的引导和管理,规范网上信息传播秩序,培育文明理性的网络环境,深入推进整治网络淫秽色情和低俗信息专项行动,维护公共利益和国家信息安全。各有关部门要加大执法力度,依法防范和制止利用互联网进行的各种违法活动,依法严厉打击利用互联网实施的各种犯罪活动。完善管理体系,根据《中共中央办公厅、国务院办公厅关于加强网络文化建设和管理的意见》,制定关于进一步加强互联网信息传播管理工作的指导性意见。加快形成法律规范、行政监管、行业自律、技术保障、公众监督、社会教育相结合的互联网管理体系。进一步明确各相关部门对互联网的监管责任,更好地发挥互联网综合管理部门统筹管理、督促检查、协调指导的作用,做到各司其职、各尽其责,形成党委统一领导、政府加强管理、企业依法运营、行业加强自律、全社会共同监督和谁审批谁负责的综合管理新格局,确保信息安全。动员社会各方面力量共同推进文化环保工程,坚决依法打击利用互联网、手机传播淫秽色情有害信息的行为,加大整治互联网、手机低俗之风专项行动力度,着力优化网络文化环境。加强互联网网站、手机及其传播内容准入的管理,强化市场主体的自律意识,提高源头管理水平。健全网络舆情预警机制,加大对有害信息的查处力度。在互联网内容传播上,要做到倡导积极的、支持有益的、改造落后的、抵制腐朽的、打击有害的。当前要重点加强对视频网站、手机网站的清理整顿,坚决清除淫秽色情和低俗内容。深入开展"扫黄打非"斗争,强力推进打击网络和手机淫秽色情信息、整治网吧、净化荧屏声频、净化校园周边环境和出版物市场专项行动,着力解决影响青少年身心健康的突出问题。广泛开展文明网站创建,推动文明办网、文明上网,督促网络运营服务企业履行法律义务和社会责任,不为有害信息提供传播渠道。加强对社交网络和即时通信工具等的引导和管理，规范网上信息传播秩序，培育文明理性的网络环境。

五、推动社会主义文化大发展大繁荣

文化是民族的血脉，是人民的精神家园。当今世界，文化的地位和作用更加凸显，越来越成为民族凝聚力和创造力的重要源泉，越来越成为综合国力竞争的重要因素，越来越成为经济社会发展的重要支撑，丰富精神文化生活越来越成为我国人民的热切愿望。在新的历史起点上深化文化体制改革，推动社会主义文化大发展大繁荣，关系实现全面建设小康社会的奋斗目标，关系坚持和发展中国特色社会主义，关系实现中华民族的伟大复兴。从根本上讲，一个国家的强大和繁荣，不在于高楼大厦林立，不在于街市车水马龙，而在于人民的文明素质。通过文化建设，提高国民基本素质，确立社会基本道德规范，增强国家和民族的凝聚力，是十六大以来党治国理政的一项重要经验，也是社会主义核心价值观培育和践行的重大创新，坚持以文化人、以文育人，建设培育和践行社会主义核心价值观的浓厚文化氛围，在社会主义先进文化的滋润中践行社会主义核心价值观。

(一)加快文化体制改革

进入21世纪，我国经济经过20多年的持续快速发展，人民群众生活总体上达到小康水平，人民群众对文化产品的需求日益增长。2001年全国城乡居民文化消费支出总量达到3107.4亿元，2002年城镇居民家庭人均文化消费支出占总消费支出的6.7%，这些数字标志着人民群众的精神文化消费需求和消费能力已经达到很高的水平。但由于文化产品和服务还不能满足人民群众日益增长的精神文化需求，供需矛盾突出，尤其缺少思想性、艺术性、观赏性俱佳的精品力作。在对外开放中，我国文化产业的竞争力明显不足，文化交流存在严重“逆差”。西方的文化资本、文化产品涌入我国文化市场，文化产品中携带的价值观念也随之进入我国，对我国的文化安全和意识形态安全造成很大威胁。为提升我国文化生产力,满足人民精神文化生活需求,必须加快文化体制改革。

党的十六大深刻分析了国内外形势的变化和特点,强调了文化建设的重要地位和作用,并按照深化文化体制改革的部署,明确做出积极发展文化事业和文化产业的战略决策,要求“抓紧制定文化体制改革的总体方案”。2003年6月,全国文化体制改革试点工作正式启动,提出要抓好公益性文化事业和经营性文化产业的改革和发展,逐步建立有利于调动文化工作者积极性,推动文化创新,多出精品、多出人才的文化管理体制和运行机制。在总结经验的基础上,2006年1月,中共中央、国务院印发《关于深化文化体制改革的若干意见》。《意见》指出,必须从巩固马克思主义在意识形态领域指导地位的高度,从加强党的执政能力建设的高度,充分认识文化体制改革的重要性和紧迫性,增强责任感和使命感,抓住重要战略机遇期,深化改革,加快发展,为建设社会主义先进文化注入强大动力。2006年3月,中共中央召开全国文化体制改革工作会议,确定全国89个地区和170个单位为文化体制改革试点。文化体制改革在试点基础上稳步推进、有序发展。

2006年9月,中共中央办公厅、国务院办公厅印发《国家“十一五”时期文化发展规划纲要》,将公共文化服务置于优先地位。这是新中国成立以来中央制定的第一个专门部署文化建设的中长期规划纲要。2007年,中共中央办公厅、国务院办公厅印发《关于加强公共文化服务体系建设的若干意见》,部署实施文化惠民工程,优先安排关系人民群众切身利益的重大公共文化服务项目。此后,许多文化团体定期或不定期到基层为群众义务演出,并与民间文化活动相结合,受到广泛称赞。2007年10月,党的十七大从中国特色社会主义事业总体布局的高度,强调了文化建设的重要战略地位,提出了推动社会主义文化大发展大繁荣的目标要求。

2011年10月,中共十七届六中全会通过的《中共中央关于深化文化体制改革推动社会主义文化大发展大繁荣若干重大问题的决定》,阐明了中国特色社会主义文化发展道路,明确提出建设社会主义文化强国目标,对新形势下的社会主义文化建设做出全面部署,是推进文化体制改革的纲领性文件。2012年2月,《国家“十二五”时期文化改革发展规划纲要》出台,提出公共文化服务建设的四方面内容以及七项公共文化服务建设工程,将公共文化服务体系建设放在文化建设的战略位置来抓。到党的十八大前夕,文化体制改革阶段性任务基本完成,文化行政管理部门职能转变逐步到位,国有经营性文化事业单位转企改制取得决定性进展,做大做强了一批骨干文化企业,推动文化与科技、商贸、旅游、金融等深度融合。文化产品的创作生产得到加强,中国文化的吸引力和影响力不断增强,极大地丰富了人民群众的文化生活。

(二)大力发展公益性文化事业,保障人民基本文化权益

满足人民基本文化需求是社会主义文化建设的基本任务。2007 年 6 月中共中央政治局召开会议,强调文化建设的重心要放在基层和农村,着力提高公共文化产品供给能力,着力解决人民群众最关心、最直接、最现实的基本文化权益问题。中共十七届六中全会通过《中共中央关于深化文化体制改革推动社会主义文化大发展大繁荣若干重大问题的决定》,提出必须加强文化基础设施建设,完善公共文化服务网,让群众广泛享受免费或优惠的基本公共文化服务。发展公益性文化事业,重点是四个方面。

构建公共文化服务体系。加强公共文化服务是实现人民基本文化权益的主要途径。要以公共财政为支撑,以公益性文化单位为骨干,以全体人民为服务对象,以保障人民群众看电视、听广播、读书看报、进行公共文化鉴赏、参与公共文化活动等基本文化权益为主要内容,完善覆盖城乡、结构合理、功能健全、实用高效的公共文化服务体系。把主要公共文化产品和服务项目、公益性文化活动纳入公共财政经常性支出预算。采取政府采购、项目补贴、定向资助、贷款贴息、税收减免等政策措施鼓励各类文化企业参与公共文化服务。鼓励国家投资、资助或拥有版权的文化产品无偿用于公共文化服务。加强文化馆、博物馆、图书馆、美术馆、科技馆、纪念馆、工人文化宫、青少年宫等公共文化服务设施和爱国主义教育示范基地建设并完善向社会免费开放服务,鼓励其他国有文化单位、教育机构等开展公益性文化活动,各类公共场所要为群众性文化活动提供便利。统筹规划和建设基层公共文化服务设施,坚持项目建设和运行管理并重,实现资源整合、共建共享。加强社区公共文化设施建设,把社区文化中心建设纳入城乡规划和设计,拓展投资渠道。完

善面向妇女、未成年人、老年人、残疾人的公共文化服务设施。引导和鼓励社会力量通过兴办实体、资助项目、赞助活动、提供设施等形式参与公共文化服务。推进国家公共文化服务体系示范区创建。制定公共文化服务指标体系和绩效考核办法。

发展现代传播体系。提高社会主义先进文化辐射力和影响力,加快构建技术先进、传输快捷、覆盖广泛的现代传播体系。加强报刊、通讯社、电台电视台和重要出版社建设,进一步完善采编、发行、播发系统,加快数字化转型,扩大有效覆盖面。加强国际传播能力建设,打造国际一流媒体,提高新闻信息原创率、首发率、落地率。建立统一联动、安全可靠的国家应急广播体系。完善国家数字图书馆建设。整合有线电视网络,组建国家级广播电视网络公司。推进电信网、广电网、互联网三网融合,建设国家新媒体集成播控平台,创新业务形态,发挥各类信息网络设施的文化传播作用,实现互联互通、有序运行。

建设优秀传统文化传承体系。优秀传统文化凝聚着中华民族自强不息的精神追求和历久弥新的精神财富,是发展社会主义先进文化的深厚基础,是建设中华民族共有精神家园的重要支撑。要全面认识祖国传统文化,取其精华、去其糟粕,古为今用、推陈出新,坚持保护利用、普及弘扬并重,加强对优秀传统文化思想价值的挖掘和阐发,维护民族文化基本元素,使优秀传统文化成为新时代鼓舞人民前进的精神力量。加强文化典籍整理和出版工作,推进文化典籍资源数字化。加强国家重大文化和自然遗产地、重点文物保护单位、历史文化名城名镇名村保护建设,抓好非物质文化遗产保护传承。深入挖掘民族传统节日文化内涵,广泛开展优秀传统文化教育普及活动。发挥国民教育在文化传承创新中的基础性作用,增加优秀传统文化课程内容,加强优秀传统文化教学研究基地建设。大力推广和规范使用国家通用语言文字,科学保护各民族语言文字。繁荣发展少数民族文化事业,开展少数民族特色文化保护工作,加强少数民族语言文字党报党刊、广播影视节目、出版物等译制播出出版。加强同港澳台的文化交流,共同弘扬中华优秀传统文化。

加快城乡文化一体化发展。增加农村文化服务总量,缩小城乡文化发展差距,对推进社会主义新农村建设、形成城乡经济社会发展一体化新格局具有重大意义。以农村和中西部地区为重点，加强县级文化馆和图书馆、乡镇综合文化站、村文化室建设，深入实施广播电视村村通、文化信息资源共享、农村电影放映、农家书屋等文化惠民工程，扩大覆盖、消除盲点、提高标准、完善服务、改进管理。加大对革命老区、民族地区、边疆地区、贫困地区文化服务网络建设支持和帮扶力度。深入开展全民阅读、全民健身活动，推动文化科技卫生"三下乡"、科教文体法律卫生"四进社区""送欢乐下基层"等活动经常化。引导企业、社区积极开展面向农民工的公益性文化活动，尽快把农民工纳入城市公共文化服务体系。建立以城带乡联动机制，合理配置城乡文化资源，鼓励城市对农村进行文化帮扶，把支持农村文化建设作为创建文明城市基本指标。鼓励文化单位面向农村提供流动服务、网点服务，推动媒体办好农村版和农村频率频道，做好主要报刊在农村基层发行和赠阅工作。扶持文化企业以连锁方式加强基层和农村文化网点建设，推动电影院线、演出院线向市县延伸，支持演艺团体深入基层和农村演出。中央、省、市三级设立农村文化建设专项资金，保证一定数量的中央转移支付资金用于乡镇和村文化建设。

经过近 10 年的文化建设，我们完成了空前复杂的文化体制改革，文化信息资源共享工程、广播电视村村通、农家书屋、农村电影放映工程、乡镇综合文化站建设工程等一大批文化惠民工程顺利开展，基本覆盖全国有条件的行政村，文化的触角延伸到最基层的自然村。遍地开花的文化设施把精神食粮送到了农民的家门口，极大地缩小了城乡间的文化差距。博物馆、图书馆、美术馆免费开放，降低了门槛，参观人数屡创新高，公共文化设施的公益属性日益彰显，亿万群众因此受益。既保障了群众的基本文化权益，又满足了其多样化的文化需求，提高其科学文化素养，为现代化建设提供了强大的精神动力和智力支持。

（三）大力发展文化产业

2020 年 9 月 17 日，习近平在湖南长沙考察调研时指出："文化产业既有意识形态属性，又有市场属性，但意识形态属性是本质属性。"文化产业的意识形态属性表明社会主义核心价值观可以蕴涵于文化产品之中，实现社会主义核心价值观培育和践行的隐蔽性和渗透性。隐蔽性和渗透性是当今世界传播社会核心价值观念的主要特点，由于文化产业往往以“中性”姿态出现，因而蕴涵其中的价值观并不能被受众轻易察觉，绝大多数社会成员就是从文化传播中寻找自己判断真善美和假丑恶的尺度，形成和选择自己的价值标准。

文化产业也具有市场属性，表明社会主义核心价值观可以随文化产品实现润物无声的传播。文化产品和文化服务种类繁多，直接面向市场，市场能够以巨大的推动力量使包含一定价值意义的文化产品不断地被复制、被推广。各种文化产品和服务蕴含的价值意义以及体现这些意义的符号，通过产业的延伸广泛地拓展到其他产业领域，从而成为培育践行社会主义核心价值观的重要承载媒介。

中共十七届六中全会提出，大力发展文化产业，推动文化产业成为国民经济支柱性产业。坚持以市场为主导，通过积极的产业政策和市场化运作，迅速壮大我国文化产业的规模，使文化产业占国民经济比重明显提高、国际竞争力显著增强。充分发挥国有文化企业的骨干作用，保护好、引导好民营企业投资文化产业的积极性，建成一批有实力的文化产业基地，加快有条件的文化企业的上市步伐，鼓励跨地区跨行业经营，努力培育文化产业骨干企业和战略投资者。大力发展影视制作业、出版业、发行业、印刷复制业、广告业、演艺业、娱乐业、文化会展业、数字内容和动漫业重点文化产业。健全文化行业组织和文化中介机构，着力培育文化产品和要素市场，发展连锁经营和电子商务，加大电影院线整合和建设力度，促进生产要素合理流动。大力推进文化创新，加快运用高新技术创新文化生产和传播方式，培育新的文化业态，创造新的表现形式，构建传输快捷、覆盖广泛的文化传播体系。

深化文化体制改革以来，我国文化产业加快发展，出台《文化产业振兴规划》，制定下发支持文化产业、文化企业发展的有关文件，促进文化产业逆势上扬。出版、影视、动漫、网络游戏等行业快速发展，成为新的经济增长点，在保增长、扩内需、调结构中发挥了积极作用。围绕国有经营性文化单位转企改制这一中心环节，推动中央和地方出版发行单位、一般性文艺院团转企改制取得新进展，一批国有或国有控股的文化企业和企业集团在市场竞争中逐步做强做大。召开全国文化体制改革工作会议、经验交流会议，开展大规模督查,推动文化体制改革在面上铺开、向纵深发展。加快发展文化体育产业,实施重大文化产业项目带动战略,扶持骨干文化企业,培育新型文化业态,使文化市场更加繁荣。不断深化文化体制改革,经营性文化单位整体转制取得突破,社会资本以多种方式参与文化发展,激发文化发展创新的活力。将推动经营性文化单位转企改制作为中心环节,着力培育新型文化市场主体。2012 年,全国共注销经营性文化事业单位 4000 多家,核销事业编制 18 万个以上。出版发行、影视制作等领域改革任务基本完成,应转制的 419 家地方出版单位已完成 402 家,应转制的 2412 家发行单位全面完成改革任务;29 家电影制片厂已有 27 家完成转制,地方 362 家电影公司已有 327 家完成转制,460 家电影院已有 411 家完成转制,广电系统内需转制的 57 家电视剧制作机构已有 52 家完成转制,38 家省级报刊发行机构已有 32 家完成转制。此外,国有文艺院团、非时政类报刊社改革取得积极进展,2118 家国有文艺院团中已有 590 家完成转制,地方 3000 多家非时政类报刊出版单位已有 595 家完成转制。

通过体制机制创新,形成了一批国有文艺院团,增强了内部活力和发展动力,实现了社会效益与经济效益“双丰收”。一大批民营院团,紧紧抓住文化体制改革机遇,不断发展壮大,焕发出蓬勃生机。中央各部门各单位出版社转企改制后也进入发展快车道。改革实践表明,新体制新机制让出版单位与市场贴得更近,和读者贴得更紧,逐步实现了社会效益和经济效益的有机统一。影视制作领域也不断深化改革,以塑造新型市场主体为目标,大力推进经营性事业单位转企改制。通过改革,涌现出一批新型影视市场主体,直接推动了我国电影产业的繁荣发展。2003 年以前,国产电影年产量不到 100 部,2010 已经达到 526 部,全国城市票房总收入突破 100 亿元,连续第六年保持 30%以上增长,共有 13 部国产电影票房过亿元,改变了进口大片主导我国电影市场的格局。

深化文化体制改革,大力发展文化产业,极大改变着文化领域的面貌,调动了广大文化工作者的积极性,激发了全社会参与文化建设的热情。波澜壮阔的改革实践有力地证明:以高度的文化自觉和文化自信全面深化文化体制改革,是解放和发展文化生产力的必由之路,是促进社会主义文化大发展大繁荣的根本途径。文化建设的主体在民众,只有调动起全社会参与文化建设的热情,才能形成生动活泼的喜人景象,中国文化才能真正实现大发展大繁荣。全社会参与文化建设的热情空前高涨。同时,政策的放开和扶持给了民营资本宝贵的发展机遇。电影业 80%的市场份额由民营主体占据,近几年票房过亿元的国产大片几乎全部出自民营影视公司。在演艺领域,全国民间职业剧团已有 2773 个,个体演职人员共计 2 万余人。在出版发行领域,民营发行网点已达 10 万多个。民间资本参与改制国有文艺院团,民间资本火热投资大型文化项目,民营文化企业在国内外资本市场备受青睐。

文化建设的突飞猛进提升了全民族的文化素养和道德素质。我国的文化建设按照以正确的舆论引导人,以高尚的精神塑造人,以优秀的作品鼓舞人的要求,坚持正确导向,弘扬社会正气,践行社会主义核心价值观,提升了全民族的道德素质,促进了社会风气的改善。

第四章　铸魂：新时代社会主义核心价值观的培育和践行

经过长期努力，中国特色社会主义进入新时代，中华民族迎来了从站起来、富起来到强起来的伟大飞跃，迎来了实现中华民族伟大复兴的光明前景。中华民族伟大复兴是物质文明和精神文明比翼齐飞的复兴，一个国家、一个民族的强盛，总是以文化兴盛为支撑的，也是以文化兴盛为标志的。文化是一个国家、一个民族的灵魂，文化自信是一个国家、一个民族发展中更基本、更深沉、更持久的力量。新时代培育和践行社会主义核心价值观，肩负构筑中国精神、中国价值、中国力量的重任，担负铸就大国之魂的使命。任务之重，使命之艰，推动党和国家就如何培育和践行社会主义核心价值观提出了许多新理念、新观点。认识的深化与升华，带来行动的提升与飞跃。党的十八大以来，社会主义核心价值观培育与践行更重顶层设计、更富内在驱动，渗透到治国理政各个环节，浸润于社会生活的方方面面，尽显其“为益之大，收功之远”。

一、形成社会主义核心价值观培育践行的理论指南和行动纲领

以习近平同志为核心的党中央围绕新时代坚持和发展中国特色社会主义这一主题，立足实现中华民族伟大复兴中国梦的历史使命，结合培育和践行社会主义核心价值观的生动实践，就“培育和践行什么样的社会主义核心价值观、怎样培育和践行社会主义核心价值观”这一重大时代课题发表了一系列重要论述，形成了内涵极为丰富和深刻的科学内容体系，构成了习近平

新时代中国特色社会主义思想的重要组成部分，为新时代培育和践行社会主义核心价值观提供了科学的理论指南和具体的行动纲领。

（一）社会主义核心价值观的理论定位

在党的十九大报告中，习近平同志首次明确提出“中国特色社会主义进入了新时代”的重大命题，将“坚持社会主义核心价值体系”作为重要内容纳入习近平新时代中国特色社会主义思想的科学体系。这是我们党的历史上对社会主义核心价值体系的重要地位所做的新的定位和表述。党的十九大将其定位为党必须全面贯彻的基本方略之一，并提出，社会主义核心价值观是当代中国精神的集中体现，凝结着全体人民共同的价值追求。把坚持社会主义核心价值体系上升到基本方略的高度，是中国特色社会主义理论逻辑、实践逻辑和历史逻辑的必然结果，是由核心价值观在文化中的核心地位、在治国理政布局中的基础作用所决定的，是增强我国文化软实力、建设社会主义文化强国的必然要求。基本方略的理论定位，表明了培育和践行社会主义核心价值观已经上升到国家治理的行动纲领之列。

（二）培育和践行社会主义核心价值观的战略地位

“把培育和弘扬社会主义核心价值观作为凝魂聚气、强基固本的基础工程，继承和发扬中华优秀传统文化和传统美德，广泛开展社会主义核心价值观宣传教育，积极引导人们讲道德、尊道德、守道德，追求高尚的道德理想，不断夯实中国特色社会主义的思想道德基础。”[①]习近平这一论述，准确阐明了培育和践行社会主义核心价值观的重要战略定位，即培育和践行社会主义核心价值观是一项凝聚价值精神、巩固共同思想的基础性工程，贯穿于中国特色社会主义建设的全过程。习近平的这一准确定位，是对人类社会发展、中国特色社会主义建设以及党的执政建设的有力回应与深刻把握。

从人类社会的发展来看，一个国家能否实现长治久安，一个民族能否实现持续健康发展，一个社会能否实现和谐稳定，关键就在于这个社会、民族、

---

① 《习近平谈治国理政》第一卷，外文出版社 2018 年版，第 163 页。

国家是否具有强大感召力的核心价值观。如果一个社会、一个民族、一个国家没有形成共同的核心价值观,就会导致行无依归、迷失方向,这个社会、这个民族、这个国家就会寸步难行。历史和现实也都表明,培育一个具有强大感召力的核心价值观来有效整合并引领全社会意识,是国家完善治理体系、提高治理能力的重要方面,是民族凝聚强大力量、坚定理想信念的精神内核,是社会系统正常运转、社会秩序有效维护的重要途径。

把社会主义核心价值观作为"凝魂聚气、强基固本"的基础性工程,就是要把培育和践行社会主义核心价值观贯穿于中国特色社会主义建设的全过程,就是要以社会主义核心价值观引领中国特色社会主义国家、社会、人民的前进方向和发展目标,推进国家治理体系的现代化和治理能力的现代化,最终实现中华民族伟大复兴。这实质上是对我国社会主义要建设什么样的国家、建设什么样的社会、培育什么样的公民等重大问题的深刻回应,与中国特色社会主义发展目标相契合。

从党的执政建设的发展来看,培育和践行社会主义核心价值观是坚定党的理想信念的体现。理想信念是共产党人的精神之"钙",必须加强思想政治建设,解决好世界观、人生观、价值观这个"总开关"问题。如果精神上缺了"钙",就会得"软骨病",就会导致政治上变质、经济上贪婪、道德上堕落、生活上腐化。中国共产党肩负着中华民族伟大复兴中国梦的历史重任,需要强大的精神指引和支撑。一方面,中国共产党的领导也是培育和践行社会主义核心价值观的重要保证,中国共产党党员坚定的理想信念是社会主义核心价值观培育和践行的重要支撑;把培育和践行社会主义核心价值观作为一项基础性工程,是我们党在社会主义核心价值认识和判断上的新跃迁。另一方面,培育和践行社会主义核心价值观,就是要中国共产党党员牢固树立共产主义远大理想和中国特色社会主义共同信念,深入学习贯彻执行马克思主义群众观点和党的群众路线,永葆党的先进性、纯洁性,把社会主义核心价值观融入社会发展的各个方面。我们必须以高度的政治自觉,切实抓好任务落实,推动社会主义核心价值建设取得新的更大进展。

(三)培育和践行社会主义核心价值观的历史逻辑

以习近平同志为核心的党中央团结带领全国各族人民不懈奋斗,统筹推进"五位一体"总体布局、协调推进"四个全面"战略布局,在经济建设、全面深化改革、民主法治建设、思想文化建设、社会民生建设、生态文明建设、强军兴军、港澳台工作、外交国防、全面从严治党等各个领域取得全方位的开创性成就,推动党和国家事业发生深层次的历史性变革。基于此,习近平在党的十九大报告中庄严宣告:"经过长期努力,中国特色社会主义进入了新时代,这是我国发展新的历史方位。"①习近平关于培育和践行社会主义核心价值观的重要论述正是在这一历史背景下应运而生,是中国特色社会主义进入新时代的必然产物。

产生于"实现中华民族伟大复兴中国梦"的时代背景。中国特色社会主义进入新时代,昭示着实现中华民族伟大复兴中国梦迎来了更加光明的前景,意味着今天我们比历史上任何时期都更接近、更有能力和信心实现这一目标,这是新时代社会主义核心价值观形成的时代根据。习近平指出:"实现我们的发展目标,实现中国梦,必须增强道路自信、理论自信、制度自信,'千磨万击还坚劲,任尔东南西北风'。而这'三个自信'需要我们对核心价值观的认定作支撑。"②这表明培育和践行社会主义核心价值观是实现中华民族伟大复兴的战略任务和本来之义,要通过培育和践行社会主义核心价值观丰富人们的精神世界,构建人民赖以生存的共同精神家园,也表明社会主义核心价值观是实现中华民族伟大复兴的精神力量,为实现中华民族伟大复兴坚定正确道路、提供精神动力、汇聚磅礴力量。进一步而言,中国特色社会主义进入新时代,昭示着实现中华民族伟大复兴迎来了更加光明的前景,意味着要培养担当民族复兴大任的时代新人。一个时代有一个时代的际遇,一代人也有一代人的际遇。实现中华民族伟大复兴,反映了近代以来一代又一代中国

---

① 习近平:《决胜全面建成小康社会 夺取新时代中国特色社会主义伟大胜利——在中国共产党第十九次全国代表大会上的报告》(2017 年 10 月 18 日),人民出版社 2017 年版,第 10 页。

② 《习近平谈治国理政》第一卷,外文出版社 2018 年版,第 171 页。

人民的美好夙愿,更需要一代又一代中国人民为之奋斗拼搏。党的十九大为中华民族伟大复兴擘画了2020年到2050年的“两步走”宏伟蓝图。能否培养担当民族复兴大任的时代新人,将直接关系乃至决定着中华民族伟大复兴的战略安排能否顺利实现。因此,唯有培育和践行社会主义核心价值观,时代新人才能克服各种错误价值观念的消极影响,坚定“四个自信”,树立远大理想,成为有理想、有本领、有担当的时代新人,让中华民族伟大复兴的中国梦在一代代青年接力奋斗中变为现实。

(四)培育和践行社会主义核心价值观的原则

社会主义核心价值观的培育和践行需要遵守一定的原则,没有原则的指引和规范,社会主义核心价值观的培育和践行就会失去方向,发生偏离。

1. 以马克思主义为指导

确立社会主义核心价值观首先必须明确其社会主义性质,即明确社会主义核心价值观是社会主义的核心价值观,而不是其他什么主义的核心价值观,就必须明确社会主义核心价值观的指导思想是什么。社会主义核心价值观是社会主义性质的核心价值观,就必须坚持马克思主义的指导。只有坚持以马克思主义为指导,才能保证核心价值观的社会主义性质,才能体现社会主义核心价值观的特色,才能保证中国特色社会主义建设的正确方向。表述社会主义核心价值观的12个词,如果在社会主义核心价值观中剔除马克思主义的指导地位,而只保留抽象的规范性概念,就会导致无法区分社会主义核心价值观与非社会主义核心价值观的不同,无法保证社会主义核心价值观的质的规定性和导向性。只有坚持马克思主义的立场,才能赋予社会主义核心价值观以灵魂,体现核心价值观的社会主义性质,彰显社会主义核心价值观的特色,保证中国特色社会主义建设的正确方向。只有坚持马克思主义在培育和践行社会主义核心价值观中的指导地位,才能保证在践行社会主义核心价值观中不迷失方向,从而能够在复杂多变的形势下坚持科学的指导思想和正确的前进方向,把中国特色社会主义不断推向前进。

2. 以中华优秀传统文化为源泉

社会主义核心价值观是根植于中国大地上的核心价值观,而不是根植于其他什么国家的核心价值观。中华优秀传统文化是涵养社会主义核心价值观的根基和源泉,是文化母体。培育和践行当代社会主义核心价值观必须以中华优秀传统文化为源头活水,“要认真汲取中华优秀传统文化的思想精华和道德精髓,大力弘扬以爱国主义为核心的民族精神和以改革创新为核心的时代精神,深入挖掘和阐发中华优秀传统文化讲仁爱、重民本、守诚信、崇正义、尚和合、求大同的时代价值,使中华优秀传统文化成为涵养社会主义核心价值观的重要源泉”①。不忘本来才能开辟未来,善于继承才能更好创新。社会主义核心价值观的培育和践行只有根植于中华优秀传统文化之中,才能体现其中国特色,展示其独特魅力。培育和践行社会主义核心价值观,不仅要将传统文化的思想精髓融入社会主义核心价值观中,更要把社会主义核心价值观与中华优秀传统文化相承接、相契合,使中华民族最基本的文化基因既与当代文化相适应,也与现代社会相协调,从而使其成为当代人接受社会主义核心价值观的精神支撑。如果离开中华优秀传统文化的滋养,社会主义核心价值观就会失去生命力和影响力。正如河流一样,没有活水源头,河流就会断流,就会干涸。

3. 以人类优秀文明成果为营养

价值观是在人类认识、改造自然和社会的过程中产生与发挥作用的。在人类历史发展的长河中,不同的社会、民族、国家由于其自然环境和发展的经历不同,产生并形成了具有自己民族、国家特点的核心价值观,而不同的价值观之间经常发生碰撞与交融,人类社会文明也是在这种碰撞与交融中不断前进的。文明因交流融合而丰富多彩,一种文明如果把自己封闭起来,就会供养不足、失去活力,甚至丧失生命力,最终消失。世界文明的发展离不开中国,中国文明的丰富发展同样离不开世界,中华文明不仅是在中国大地上产生的文明,也是在同其他文明不断交流和借鉴中形成的文明。社会主义核心价值观作为文化发展最坚实的灵魂,其培育和践行需要以宽广的胸襟、广阔的视野来看待世界其他民族和国家的文明,要善于从不同的文明中寻求智慧、汲取营养来丰富和发展自己。但是这并不意味着要全盘吸收其他文明成

① 《习近平谈治国理政》第一卷,外文出版社 2018 年版,第 164 页。

果，培育和践行社会主义核心价值观，既要结合中国当下的实际发展状况，也要结合中国的历史文化传统。要坚持洋为中用、去粗存精、去伪存真，通过科学的扬弃后使其为我所用、为我服务。

（五）培育和践行社会主义核心价值观的目标

以习近平同志为核心的党中央着眼于实现中华民族伟大复兴中国梦的战略目标，明确提出了社会主义核心价值观培育和践行的目标是“培养担当民族复兴大任的时代新人”，这就从更高层次、更多方位、更宽视野指明了培育和践行社会主义核心价值观的根本目标取向和重大价值追求。

习近平在党的十九大报告中明确阐释了“时代新人”的科学内涵：其一，必须具备“当代中国精神”，即继承发扬以爱国主义为核心的民族精神和以改革创新为核心的时代精神。民族精神和时代精神是当代中国精神的本质体现，是社会主义核心价值体系的精髓所在，是中华民族生生不息、薪火相传的精神支撑，为当代中国人民创造宏伟功绩提供了不竭的动力源泉。作为“时代新人”，必须把先进精神和价值体系内化为个人的素质、转化为自觉行动，始终保持昂扬向上、积极进取、开拓创新的精神状态，继承和发扬团结统一、爱好和平、勤劳勇敢、自强不息的伟大民族精神，为中国的发展注入新鲜血液和新的生机，使中华民族屹立于世界民族之林。其二，必须“有理想”，即坚定树立共产主义的远大理想和中国特色社会主义的共同理想。共产主义远大理想是人类发展史上最科学、最崇高的社会理想，而中国特色社会主义共同理想，则是实现共产主义远大理想过程中的一个重要阶段和组成部分。“时代新人”既要树立远大理想，又要脚踏实地为实现共同理想不懈努力，要处理好个人理想与社会理想的关系，自觉接受马克思主义的科学指导，心中有信仰、脚下有力量，树立高远理想和坚定信念，争做历史眷顾和人民青睐的坚定者而不是犹豫者、奋进者而不是懈怠者、搏击者而不是畏难者。其三，必须“有本领”，既要有扎实的专业知识，更要有过硬的能力本领，要勤于学习、善于学习，联系实际学、带着问题学、向书本和人民学，做到勤学笃实、持之以恒、学思并重、刻苦钻研，锻炼自身进行伟大斗争、实现伟大梦想的过硬本领。其四，必须“有担当”，即以“担当民族复兴大任”为己任。“时代新人”必须担当在先、奉献在前，紧跟党的步伐走在最前列，积极投身改革开放的时代潮流，敢于同各种贪图享受、消极懈怠、回避矛盾的错误思想和行为做斗争，担负起实现中国梦的历史使命，自觉把个人的前途命运同祖国和民族的命运紧密联系起来，把个人的理想追求同中国特色社会主义伟大实践紧密联系起来。其中，具备“当代中国精神”是灵魂，“有理想”是关键，“有本领”是前提，“有担当”是保障，四者相互联系、相互影响、相互作用，共同构成培养“时代新人”的重要支点和着力点。习近平强调：“要坚持不懈培育和弘扬社会主义核心价值观，引导广大师生做社会主义核心价值观的坚定信仰者、积极传播者、模范践行者。”①这一目标是教育目标与社会主义核心价值观培育目标的有机统一，既有效回答和科学解决了新时代为谁培养人、培养什么样的人、怎样培养人这一教育的根本性问题，又深刻揭示了新的历史条件下培育和践行社会主义核心价值观的目标要求。

(六)社会主义核心价值培育和践行的重点人群

社会主义核心价值观的培育和践行最终要落实到现实的人。习近平重视全民培育，更强调在重点人群中培育和践行社会主义核心价值观。

1. 少年儿童是基础

培育和践行社会主义核心价值观要从小开始，从娃娃抓起。抓住了娃娃，就抓住了培育和践行社会主义核心价值观的基础。少年儿童是祖国的未来，是中华民族的希望。就像扣扣子一样，少年儿童是人生的第一粒扣子，如果第一粒扣子扣错了，后面的扣子也都会扣错，以后的成长就会发生偏移。因此，要引导少年儿童从小学习做人做事，扣好人生的第一粒扣子，争当学习和实践社会主义核心价值观的小模范。在具体要求上，广大少年儿童要把社会主义核心价值观的基本内容熟记熟背，让它融化在心灵里、铭刻在脑子里；心有榜样，要学习英雄人物、先进人物、美好事物，在学习中养成好的思想品德追求；从小做起，要从自己做起、从身边做起、从小事做起，一点一滴积累，养成好思想、好品德；接受帮助，要听得进意见，受得了批评，在知错就改、越

---

① 《习近平谈治国理政》第二卷，外文出版社 2017 年版，第 377 页。

改越好的氛围中健康成长。

2. 青年是中坚力量

青年兴则国家兴,青年强则国家强。青年尤其是当代大学生,是培育和践行社会主义核心价值观的主体。抓住了青年,就抓住了培育和践行社会主义核心价值观的根本。一个社会的进步,一个民族的发展,一个国家的壮大,需要一代又一代人接力努力,需要很多力量来推动,而青年就是众多力量当中的中坚力量。青年就像早晨八九点钟的太阳,朝气蓬勃,是最有活力、最有创造性的群体。青年是可塑性最强的时期,也是价值观形成和确立的重要时期。可以说,青年的价值取向决定了未来整个社会的价值取向,抓住了青年的价值观教育,也就抓住了未来社会的发展方向。同时,青年要从现在做起、从自己做起,使社会主义核心价值观成为自己的基本遵循,并身体力行大力将其推广到全社会中去。具体要做到勤学,下得苦功夫,求得真学问;修德,加强道德修养,注重道德实践;明辨,善于明辨是非,善于决断选择;笃实,扎扎实实干事,踏踏实实做人。

3. 党政干部是关键

党政干部是祖国建设与发展的中流砥柱,是学习和践行社会主义核心价值观的榜样。抓住了党政干部,就抓住了培育和践行社会主义核心价值观的关键。首先,广大党政干部要认真学习社会主义核心价值观。学习社会主义核心价值观,是增强广大党政干部理想信念,补足精神上的"钙"的重要途径。其次,广大党政干部要带头努力践行社会主义核心价值观。"榜样的力量是无穷的,广大党员、干部必须带头学习和弘扬社会主义核心价值观,用自己的模范行为和高尚人格感召群众、带动群众。"①最后,广大党员干部应该自觉学习和践行社会主义核心价值观,增强主动担当、积极作为的勇气,充分发挥模范带头作用。

4. 模范群体是标杆

模范群体是社会的指向标,是群众学习的典型模范。抓住了模范群体,就抓住了培育和践行社会主义核心价值观的标杆。一方面,模范群体是培育

① 《习近平谈治国理政》第一卷,外文出版社 2018 年版,第 164 页。

和践行社会主义核心价值观最生动的教材，在全社会广泛宣传他们的先进事迹，号召全社会向他们学习、向他们致敬，促使全社会形成争当模范的良好风气。另一方面，广大先进模范人物作为社会的标杆，不仅需要更加严格地要求自己，珍惜荣誉、谦虚谨慎、再接再厉，不断在新的起点上为党和人民创造更大的业绩，而且要带头身体力行向全社会传播正确的价值观念，传播正能量，自觉成为社会主义核心价值观的承载者、宣传者和践行者。

（七）培育和践行社会主义核心价值观的基本路径

社会主义核心价值观归根结底是一种社会意识，是一种价值观念，而一种价值观念的内在形成发展是具有一定规律的。培育和践行社会主义核心价值观要想达到内化于心、外化于行的目的，就必须遵循价值观念形成发展的内在规律，选取有效的方式方法。要切实把社会主义核心价值观贯穿于社会生活的方方面面，要通过教育引导、舆论宣传、文化熏陶、实践养成、制度保障等，使社会主义核心价值观内化为人们的精神追求，外化为人们的自觉行动。教育引导、舆论宣传、文化熏陶是认同的关键，实践养成是践行的结果，制度保障是培育和践行形成长效机制的重点。

1. 教育引导是首位

首先要注重家庭教育引导。家庭是孩子的第一个课堂，父母是孩子的第一个老师。家长要时时处处给孩子做榜样，用正确行动、正确思想、正确方法教育引导孩子。可以说，有什么样的家庭教育，就有什么样的人。其次要注重学校教育引导。社会主义核心价值观的培育和践行必须从学校抓起。学校要把德育放在更加重要的位置，全面加强校风、师德建设，坚持教书育人，让社会主义核心价值观的种子在学生们心中生根发芽。广大教师要用自己的行动倡导社会主义核心价值观，用自己的学识、阅历、经验点燃学生对真善美的向往，使社会主义核心价值观润物无声地浸润学生的心田，转化为学生的日常行为，增强学生的价值判断能力、价值选择能力、价值塑造能力，引领学生健康成长。最后要注重社会教育引导。榜样的力量是无穷的，社会教育引导特别需要党政干部带头树立榜样，带头保持良好的思想道德情操，带头树立正确的世界观、人生观、价值观，发挥自身的引领作用。通过自上而下、以上率下的方式来带动整个社会风气的好转。总之，将社会主义核心价值观的培育和践行贯穿于家庭教育、学校教育、社会教育的各个环节和各个方面，使其形成合力，共同推动社会主义核心价值观的培育和践行。

2. 舆论宣传是前提

舆论宣传工作是党的一项重要工作。我们正在进行具有许多新的历史特点的伟大斗争，面临的挑战和困难前所未有，必须坚持巩固壮大主流思想舆论，弘扬主旋律，传播正能量，激发全社会团结奋进的强大力量。牢牢占领舆论阵地，掌握正确的舆论导向，是培育和践行社会主义核心价值观的前提和重要条件。加强舆论宣传工作，精心做好舆论宣传工作，利用各种宣传方式和方法，尤其是利用以互联网、移动手机为代表的新兴媒体，对全社会进行全方位、全过程、多维度的宣传社会主义核心价值观的基本内容和内涵，形成有利于培育和弘扬社会主义核心价值观的生活情景和社会氛围，使核心价值观的影响像空气一样无所不在、无时不有，使全社会在心理上接受社会主义核心价值观的基本内容和内涵。同时，加强宣传各个行业在社会主义核心价值观指导下所取得的最新成果，宣传培育和践行社会主义核心价值观的典型模范，形成社会主义核心价值观培育和践行的舆论“高势位”，从而激发全社会培育和践行社会主义核心价值观的主动性和积极性。

3. 文化熏陶是基础

人们的行为和准则在一定意义上是由内在的文化基因决定的，在核心价值观的培育和践行中，文化潜移默化的独特作用不可忽视。把社会文化建设作为一项持久性的、基础性的工作，就是要运用各类文化形式，营造良好的文化氛围，生动具体地表现社会主义核心价值观。要努力挖掘中华优秀传统文化的思想精髓，引导人们认同核心价值观念并能够自觉将其外化为具体的价值行为。具体来看，在社会文化建设上，要广泛开展中华优秀传统文化的宣传普及，全方位建设具有高品位、高水平的社会文化活动，为社会主义核心价值观的培育和践行营造良好的社会文化氛围。在校园文化建设上，要在国民教育中增加优秀传统文化内容，更好地用中华优秀传统文化滋养学生的心灵，陶冶学生的道德情操，做到以文化人、以文育人。在家庭文化建设上，要注重家教、家风、家训的建设，家庭要承担起传播中华民族传统美德的责任，重言传、重身教,教知识、育品德,把核心价值观融入家庭的日常生活、言谈举止中,身体力行、耳濡目染,从而使人们日用而不知觉,细雨润无声。

4. 实践养成是关键

如何让社会主义核心价值观内化为人们的价值意识,外化为人们的行为,关键就在于实践,实践是社会主义核心价值观的生命力所在。社会主义核心价值观不仅需要人们认知、认同,更需要人们在生活实践中去感知、领悟和践行。社会主义核心价值观虽然是一种社会意识,但是它并不是凭空产生的,不是纯粹的头脑的产物,而是深深地根植于人们的现实生活实践中。广大人民的生活是社会主义核心价值观的尘世根基,社会主义核心价值观产生于人民的生活,高于人民的生活,最终归于人民的生活。脱离了实践,社会主义核心价值观就会成为抽象的规范和空洞的概念。社会主义核心价值观只有融于人民的生活实践中,才会变得有血有肉。要利用各种时机和场合,形成有利于培育和弘扬社会主义核心价值观的生活情景和社会氛围,融入日常生活实践,在实践中养成社会主义核心价值观,在实践中遵循社会主义核心价值观。

5. 制度保障是重点

制度承载并传递着一定的价值理念,更是一定价值理念的重要保障。培育和践行社会主义核心价值观同样离不开制度的保障。没有制度的有力保障,社会主义核心价值观的培育和践行就没有坚强的支撑。要按照社会主义核心价值观的基本要求,健全各行各业的规章制度,完善市民公约、乡规民约、学生守则等行为准则,使社会主义核心价值观成为人们日常工作生活的基本遵循。把社会主义核心价值观的一些要求上升为具体的法律法规,形成有利于社会主义核心价值观培育和践行的法治环境。具体来看,在政策的制定上,要积极发挥政策的导向和保障作用,即政治、经济、文化、社会、生态等各方面的政策制定都要有利于社会主义核心价值观的培育和践行。在法律法规建设上,用法律法规建设来推动社会主义核心价值观的培育和践行,通过有效的立法、司法来调节利益矛盾,整合社会关系,规范人们的行为,重塑社会秩序。在社会管理上,要健全社会管理制度,使各种社会管理能够承担起倡导社会主义核心价值观的责任,能够注重日常管理的价值导向,奖励符合核心价值观的行为,制约违背核心价值观的现象。制度建设与社会主义核心价值观的培育和践行是相辅相成的,制度建设能够为培育和践行社会主义核心价值观提供强有力的保障,而社会主义核心价值观的培育和践行也为制度建设指明了发展方向。

二、弘扬当代中国精神

社会主义核心价值观是当代中国精神的集中体现。进入新时代,实现中华民族伟大复兴必须弘扬中国精神。我们党关于中国精神的认识更加全面、深刻和系统。

(一)实现中华民族伟大复兴必须弘扬中国精神

实现中国梦必须弘扬中国精神。这就是以爱国主义为核心的民族精神,以改革创新为核心的时代精神。这种精神是凝心聚力的兴国之魂、强国之魂。同时,一个民族的复兴需要强大的物质力量,也需要强大的精神力量。没有先进文化的积极引领,没有人民精神世界的极大丰富,没有民族精神力量的不断增强,一个国家、一个民族不可能屹立于世界民族之林。唯有精神上站得住、站得稳,一个民族才能在历史洪流中屹立不倒、挺立潮头。同困难做斗争,是物质的角力,也是精神的对垒。培育当代中国精神既是全面建设社会主义现代化国家的重要组成部分,也是推动中华民族实现伟大复兴的强大精神力量。

中国精神虽然包括民族精神和时代精神两大元素,但不是二者的简单相加,应当是民族精神与时代精神的有机融合和集中体现,是民族精神的时代化和时代精神的民族化,是当代中国人精神世界的灵魂。中国精神来自中国奇迹和中国经验。随着中国经济社会的快速发展和显著进步,人们对中国奇迹、中国模式、中国道路的关注也越来越深入。中国经济连续四十多年高速增长,经济总量快速跃升为世界第二位,中国制造遍布全球,中国奇迹已是客观事实。但人们更关注的是,创造这一奇迹的奥秘何在？贯穿在中国经验中的精髓是什么？对中国奇迹的奥秘、中国经验精髓的探究,最终必然导致对中国精神的探讨。因此,中国精神是对中国奇迹奥秘的深刻揭示,是对中国经验精髓的高度概括。中国奇迹和中国经验正是中国精神的外在表现。中国精神的核心是中国理念与中国价值。中国精神可以包括很多、很丰富的内容,也可以有多样化的表现形式,但其基本内核则是中国理念和中国价值。中国理念和中国价值,是中国奇迹和中国经验在世界观、价值观层面的集中体现,是中华文化精神、中华民族核心价值在当代的集中体现,是当代中国人共同理想和共同价值的集中体现。中国理念和中国价值,既具有时代特点又具有民族特色,体现着当代中国人对当今人类面临的难题与挑战所做出的独特回应与独立思考,代表着当代中国人对人类思想与文明的新贡献。中国理念和中国价值,是我们建构政治话语体系、意识形态话语体系、国际交往与秩序话语体系的出发点和依据,是我们进行社会整合、制度设计与建设的价值支撑和理论依据。

弘扬中国精神要靠中国故事和中国形象来展示、传承和传播。中国改革开放和社会主义现代化建设的历史进程波澜壮阔,是前所未有的壮举。但是我们需要一系列标志性的符号、代表性的人物和史诗性的中国故事来记录中国奇迹、演绎中国经验、展现中国人的心路历程;我们也需要把四十多年发展成就、获得的精神财富和生存智慧体现在中国形象上,转化成中国的软实力。只有用各种各样的文化形式、国际通行的语言风格讲述当代中国的故事、展示当代中国的形象,才能让世界上更多的人了解中国奇迹背后的东西,了解当代中国人丰富的精神世界和精神追求,才能让当代中国的形象更有亲和力和影响力。善于挖掘、表现改革开放和现代化建设的故事,用人们喜闻乐见的形式讲述好、演绎好这些故事,才能使昨天探索的结晶成为明天奋斗的精神动力。这样的中国故事、中国形象才是对中国精神的最好展示,才是中国精神传承和传播的最好载体。作为一个历史文化传统悠久的民族,作为一个人口大国,我们只有创造和拥有了新时代的中国精神,才称得上中华民族的完全复兴。

(二)中国精神继承和弘扬了中华民族精神

2014年10月13日,习近平在中共十八届中央政治局第十八次集体学习时指出,中国精神必须在坚持社会主义核心价值观的前提下,积极深入中华民族历久弥新的精神世界,把长期以来我们民族形成的积极向上向善的思想文化充分继承和弘扬起来,使之为培育和践行社会主义核心价值观服务。中华文明源远流长,积淀着中华民族最深层的精神追求,代表着中华民族独特的精神标识,孕育了中华民族宝贵的精神品格,培育了中国人民崇高的价值追求,为中华民族生生不息、发展壮大提供了丰厚滋养。

中华民族精神历久弥新,依然是推动我们国家前进的强大精神力量。十八以来,习近平阐述过的中华民族精神包括:不屈不挠、生生不息、顽强奋斗的精神,自强不息、厚德载物的思想,支撑着中华民族生生不息、薪火相传。古人所说的"先天下之忧而忧,后天下之乐而乐"的政治抱负,"位卑未敢忘忧国""苟利国家生死以,岂因祸福避趋之"的报国情怀,"富贵不能淫,贫贱不能移,威武不能屈"的浩然正气,"人生自古谁无死,留取丹心照汗青""鞠躬尽瘁,死而后已"的献身精神等,都体现了中华民族的优秀传统文化和民族精神,我们都应该继承和发扬。中华优秀传统文化讲仁爱、重民本、守诚信、崇正义、尚和合、求大同,具有当代价值,是涵养社会主义核心价值观的重要源泉。在对外关系方面,有着五千多年历史的中华文明,始终崇尚和平,和平、和睦、和谐的追求深深植根于中华民族的精神世界之中,深深融化在中国人民的血脉之中。中国自古就提出了"国虽大,好战必亡"的箴言。以和为贵、和而不同、化干戈为玉帛、国泰民安、睦邻友邦、天下太平、天下大同等理念世代相传。在几千年的历史演进中,中华民族创造了灿烂的古代文明,形成了关于国家制度和国家治理的丰富思想,包括大道之行、天下为公的大同理想,六合同风、四海一家的大一统传统,德主刑辅、以德化人的德治主张,民贵君轻、政在养民的民本思想,等贵贱均贫富、损有余补不足的平等观念,法不阿贵、绳不挠曲的正义追求,孝悌忠信、礼义廉耻的道德操守,任人唯贤、选贤与能的用人标准,周虽旧邦、其命维新的改革精神,亲仁善邻、协和万邦的外交之道,以和为贵、好战必亡的和平理念,等等。这些思想中的精华是中华优秀传统文化的重要组成部分,也是中华民族精神的重要内容。

在中华民族几千年绵延发展的历史长河中,爱国主义始终是激昂的主旋律,始终是激励我国各族人民自强不息的强大力量。爱国主义连接着中华民族的过去与现在,涵养着中华民族的生生不息,是中华民族精神的核心,也是新时代社会主义核心价值观中最重要的组成部分。爱国主义精神深深植根于中华民族,是中华民族的精神基因,维系着华夏大地上各个民族的团结统一,激励着一代又一代中华儿女为祖国发展繁荣而不懈奋斗。中国共产党是爱国主义精神最坚定的弘扬者和实践者,始终把实现中华民族伟大复兴作为自己的历史使命。我们党团结带领全国各族人民进行的革命、建设、改革实践,是爱国主义的伟大实践,写下了中华民族爱国主义精神的辉煌篇章。以习近平同志为核心的党中央高度重视爱国主义教育,固本培元、凝心铸魂,做出一系列重要部署,推动爱国主义教育取得显著成效。当前,中国特色社会主义进入新时代,中华民族伟大复兴正处于关键时期。新时代加强爱国主义教育,对于振奋民族精神、凝聚全民族力量,决胜全面建成小康社会,夺取新时代中国特色社会主义伟大胜利,实现中华民族伟大复兴的中国梦,具有重大而深远的意义。进入新时代,爱国主义教育与时俱进。2019 年 11 月,中共中央、国务院印发《新时代爱国主义教育实施纲要》。《纲要》强调,爱国主义是中华民族的民族心、民族魂,是中华民族最重要的精神财富,是中国人民和中华民族维护民族独立和民族尊严的强大精神动力。

(三)中国精神体现中国人民的特质和禀赋

2018 年 5 月 2 日,习近平在北京大学师生座谈会上的讲话中提出:“中国人民的特质、禀赋不仅铸就了绵延几千年发展至今的中华文明,而且深刻影响着当代中国发展进步,深刻影响着当代中国人的精神世界。”中国人民是具有伟大创造精神的人民。在几千年历史长河中,中国人民始终辛勤劳作、发明创造,中国产生了闻名于世的伟大思想巨匠,发明了深刻影响人类文明进程的伟大科技成果,创作了伟大的文艺作品,传承了震撼人心的伟大史诗,建设了气势恢宏的伟大工程。中国人民是具有伟大奋斗精神的人民。在几千年历史长河中,中国人民始终革故鼎新、自强不息,开发和建设了祖国辽阔秀丽的大好河山，开拓了波涛万顷的辽阔海疆，开垦了物产丰富的广袤粮田，治理了桀骜不驯的千百条大江大河，战胜了数不清的自然灾害，建设了星罗棋布的城镇乡村，发展了门类齐全的产业，形成了多姿多彩的生活。中国人民是具有伟大团结精神的人民。在几千年历史长河中，中国人民始终团结一心、同舟共济，建立了统一的多民族国家，发展了56个民族多元一体、交织交融的融洽民族关系，形成了守望相助的中华民族大家庭。中国人民是具有伟大梦想精神的人民。在几千年历史长河中，中国人民始终心怀梦想、不懈追求，不仅形成了小康生活的理念，而且秉持天下为公的情怀。经过五千年的发展，中国精神已经成为中华儿女的标识，我们的同胞无论生活在哪里，身上都有鲜明的中华文化烙印，中华文化是中华儿女共同的精神基因。

（四）全国各民族共同培育中国精神

在历史长河中，农耕文明的勤劳质朴、崇礼亲仁，草原文明的热烈奔放、勇猛刚健，海洋文明的海纳百川、敢拼会赢，源源不断地注入中华民族的特质和禀赋，共同熔铸了以爱国主义为核心的伟大民族精神。昭君出塞、文成公主进藏、凉州会盟、瓦氏夫人抗倭、土尔扈特万里东归、锡伯族万里戍边等就是这样的历史佳话。近代以来，面对亡国灭种的空前危机，各族人民共御外侮、同赴国难，抛头颅、洒热血，共同书写了中华民族艰苦卓绝、气壮山河的伟大史诗。其中涌现出一大批少数民族的卫国英烈、建党先驱、工农运动领袖、抗日英雄、开国将领，为民族独立和人民解放做出了不可磨灭的历史贡献。“人心所归，惟道与义。”在百年抗争中，各族人民的血流到了一起、心聚在了一起，共同体意识空前增强，中华民族实现了从自在到自觉的伟大转变。中华民族精神是各族人民共同培育、继承、发展起来的，已深深融进了各族人民的血液和灵魂，成为推动中国发展进步的强大精神动力。

（五）中国精神融合了中国共产党的革命精神

革命实践孕育革命精神，中国共产党在领导中国人民实现国家独立的革命战争中形成了丰富的革命精神，这些精神是中国精神的重要组成部分，为培育和践行社会主义核心价值观提供了丰厚的营养，使社会主义核心价值观的教育更加具有震撼人心、塑造灵魂的作用。中国共产党的革命精神所蕴含的精神要素,无论是在革命年代,还是在当下,都具有重要的教育引导和精神鼓舞作用。中国共产党人的红色基因应当融入中国精神,代代相传。中国共产党的革命精神主要包括红船精神、井冈山精神、苏区精神、长征精神、延安精神、抗战精神等。

习近平在浙江工作期间,曾把"红船精神"概括为开天辟地、敢为人先的首创精神,坚定理想、百折不挠的奋斗精神,立党为公、忠诚为民的奉献精神。进入新时代,面对世界百年未有之大变局,面对中国共产党治国理政的困难与挑战,首创精神、奋斗精神和奉献精神依然是中国共产党人攻坚克难的重要精神力量。

井冈山是中国革命的摇篮。井冈山时期留给我们最为宝贵的财富,就是跨越时空的井冈山精神。今天,我们要结合新的时代条件,坚持坚定执着追理想、实事求是闯新路、艰苦奋斗攻难关、依靠群众求胜利,让井冈山精神放射出新的时代光芒。

长征这一人类历史上的伟大壮举,留给我们最宝贵的精神财富,就是中国共产党人和红军将士用生命和热血铸就的伟大长征精神。伟大长征精神作为中国共产党人红色基因和精神族谱的重要组成部分,已经深深融入中华民族的血脉和灵魂,成为社会主义核心价值观的丰富滋养,成为鼓舞和激励中国人民不断攻坚克难、从胜利走向胜利的强大精神动力。伟大长征精神,就是把全国人民和中华民族的根本利益看得高于一切,坚定革命的理想和信念,坚信正义事业必然胜利的精神;就是为了救国救民,不怕任何艰难险阻,不惜付出一切牺牲的精神;就是坚持独立自主、实事求是,一切从实际出发的精神;就是顾全大局、严守纪律、紧密团结的精神;就是紧紧依靠人民群众,同人民群众生死相依、患难与共、艰苦奋斗的精神。

在中国人民抗日战争的壮阔进程中,形成了伟大的抗战精神,中国人民向世界展示了天下兴亡、匹夫有责的爱国情怀,视死如归、宁死不屈的民族气节,不畏强暴、血战到底的英雄气概,百折不挠、坚忍不拔的必胜信念。伟大的抗战精神,是中国人民弥足珍贵的精神财富,是永远激励中国人民克服一切艰难险阻、为实现中华民族伟大复兴而奋斗的强大精神动力。

在陕甘边革命根据地建设过程中,老一辈革命家和老一代共产党人在延安时期留下的优良传统和作风,培育形成了延安精神,是我们党的宝贵精神财富。全面从严治党继续从延安精神中汲取力量,把抓理想信念贯穿始终,提高辩证思维、系统思维能力,保持党同人民群众的血肉联系,始终为党和人民事业艰苦奋斗、不懈奋斗。

1950 年 6 月 25 日,我国安全面临严重威胁。为捍卫和平和正义,中国共产党和政府以非凡气魄和胆略做出抗美援朝、保家卫国的历史性决策。在波澜壮阔的抗美援朝战争中,英雄的中国人民志愿军始终发扬祖国和人民利益高于一切、为了祖国和民族的尊严而奋不顾身的爱国主义精神,英勇顽强、舍生忘死的革命英雄主义精神,不畏艰难困苦、始终保持高昂士气的革命乐观主义精神,为完成祖国和人民赋予的使命、慷慨奉献自己一切的革命忠诚精神,为了人类和平与正义事业而奋斗的国际主义精神,锻造了伟大抗美援朝精神。

历史是最好的教科书。对我们共产党人来说,中国革命的历史是最好的营养剂。让革命精神代代相传,无论何时重温这些伟大历史,感悟这些精神的崇高,都是一种精神上、思想上的洗礼,是一次党的性质和宗旨的生动教育,心中就会增加很多正能量,永远以一往无前的精神状态建设社会主义现代化强国。

(六)中国精神是时代精神的不断丰富

中国人民在推进社会主义现代化建设、实现中华民族伟大复兴的征程中披荆斩棘,在许多领域形成了爱国奉献、勇于创新、敢于拼搏的时代精神,这些精神是中国精神的生动诠释,不断丰富着民族精神和时代精神的内涵。

这些精神包括我们在与重大困难殊死较量中形成的精神。如遭遇重大疫情时铸就的伟大抗疫精神。2020 年初,多个地区发生新型冠状病毒感染的疫情。随即我们党领导团结全国人民与疫情展开殊死较量。同困难做斗争,是物质的角力,更是精神的对垒。

这些精神包括各行各业在专注专业、持之以恒中形成的精神,包括:科学家精神,胸怀祖国、服务人民,追求真理、严谨治学,淡泊名利、潜心研究,甘为人梯、奖掖后学。中华体育精神和女排精神，祖国至上、团结协作、顽强拼搏、永不言败。广大医务工作者弘扬敬佑生命、救死扶伤、甘于奉献、大爱无疆的精神。60年来，在建设和养护川藏、青藏公路的过程中，形成和发扬了一不怕苦、二不怕死，顽强拼搏、甘当路石，军民一家、民族团结的“两路”精神。55年来，河北塞罕坝林场的建设者们听从党的召唤，在“黄沙遮天日，飞鸟无栖树”的荒漠沙地上艰苦奋斗、甘于奉献，创造了荒原变林海的人间奇迹，用实际行动诠释了“绿水青山就是金山银山”的理念，铸就了牢记使命、艰苦创业、绿色发展的塞罕坝精神。

这些精神还包括奋进新时代、开辟新征程必须坚持和弘扬的时代精神。党的十八大以来，习近平多次提到钉钉子精神，用钉钉子比较形象地描述了坚定方向、坚持实干、锲而不舍、善始善终、善作善成、功成不必在我的精神。大力弘扬改革创新精神，推动思想再解放、改革再深入，凝聚起全面深化改革的强大精神力量。特别要鼓励基层创新，发扬敢闯敢试、敢为人先的精神，推动形成更加浓厚、更有活力的改革创新氛围。创新就要敢于承担风险。敢为天下先是战胜风险挑战、实现高质量发展特别需要弘扬的品质。党的十九大以来，习近平对斗争精神进行了详细论述，他在“不忘初心、牢记使命”主题教育总结大会上的讲话中指出，不忘初心、牢记使命，必须发扬斗争精神，勇于担当作为。我们党诞生于国家内忧外患、民族危难之时，一出生就铭刻着斗争的烙印，一路走来就是在斗争中求得生存、获得发展、赢得胜利。越是接近民族复兴越不会一帆风顺，越充满风险挑战乃至惊涛骇浪。不忘初心、牢记使命，必须安不忘危、存不忘亡、乐不忘忧，时刻保持警醒，不断振奋精神，勇于进行具有许多新的历史特点的伟大斗争。我们讲的斗争，不是为了斗争而斗争，也不是为了一己私利而斗争，而是为了实现人民对美好生活的向往、实现中华民族伟大复兴，知重负重、苦干实干、攻坚克难。衡量党员、干部有没有斗争精神、是不是敢于担当，就要看面对大是大非敢不敢亮剑，面对矛盾敢不敢迎难而上，面对危机敢不敢挺身而出，面对失误敢不敢承担责任，面对歪风邪气敢不敢坚决斗争。

（七）英雄模范和时代楷模生动展现了中国精神

一个有希望的民族不能没有英雄，一个有前途的国家不能没有先锋。包括抗战英雄在内的一切民族英雄，都是中华民族的脊梁，他们的事迹和精神都是激励我们前行的强大力量。今天，中国正在发生日新月异的变化，我们比历史上任何时期都更加接近实现中华民族伟大复兴的目标。实现我们的目标，需要英雄，更需要英雄精神。中华民族是英雄辈出的民族，新时代是成就英雄的时代。全党全社会要崇尚英雄、学习英雄、关爱英雄，大力弘扬英雄精神，汇聚实现中华民族伟大复兴的磅礴力量。

十八大以来，党和国家多次表彰英雄模范和时代楷模，弘扬英雄精神和劳模精神，引领人民崇尚英雄，学习先进，争当模范。我国每年评选劳动模范，每两年评选一次全国道德模范。2015 年，表彰了抗战英雄，通过了《中华人民共和国国家勋章和国家荣誉称号法》。2018 年，表彰了 100 名为改革开放做出杰出贡献的个人。2019 年，隆重举行中华人民共和国国家勋章和国家荣誉称号颁授仪式，习近平向国家勋章和国家荣誉称号获得者分别授予共和国勋章、友谊勋章和国家荣誉称号奖章。共和国勋章是中华人民共和国的最高荣誉奖章，授予在中国特色社会主义建设和保卫国家中做出巨大贡献、建立卓越功勋的杰出人士。

英雄生动体现了中华民族精神和社会主义核心价值观，学习英雄就是要弘扬英雄展现的忠诚、执着、朴实的鲜明品格。忠诚就是英雄模范们都对党和人民事业矢志不渝、百折不挠，坚守一心为民的理想信念，坚守为中国人民谋幸福、为中华民族谋复兴的初心使命，用一生的努力谱写了感天动地的英雄壮歌。执着就是英雄模范们在党和人民最需要的地方冲锋陷阵、顽强拼搏，几十年如一日埋头苦干，为国为民奉献的志向坚定不移，对事业的坚守无怨无悔，为民族复兴拼搏奋斗的赤子之心始终不改。朴实就是英雄模范们在平凡的工作岗位上忘我工作、无私奉献，不计个人得失，舍小家顾大家，具有功成不必在我、功成必定有我的崇高精神，其中很多同志都是做隐姓埋名人、干惊天动地事的典型，展现了一种伟大的无我境界。

劳动模范和先进工作者是坚持中国道路、弘扬中国精神、凝聚中国力量的楷模,他们以高度的主人翁责任感、卓越的劳动创造、忘我的拼搏奉献,为全国各族人民树立了学习的榜样。“爱岗敬业、争创一流,艰苦奋斗、勇于创新,淡泊名利、甘于奉献”的劳模精神,生动诠释了社会主义核心价值观,是我们的宝贵精神财富和强大精神力量。

三、继承和弘扬中华优秀传统文化

中华优秀传统文化是中华民族的根和魂,植根在中国人的内心之中,至今仍然潜移默化地影响着中国人的思想方式和行为方式。中华优秀传统文化的独特价值和精神实质,使社会主义核心价值观的培育和践行有了深厚的文化滋养,并融入中华民族的精神血脉中。

(一)立足中华优秀传统文化的必然性

培育和践行社会主义核心价值观必须立足中华优秀传统文化,是因为社会主义核心价值观承载着中华民族的精神追求。人类社会发展的历史表明,对一个民族、一个国家来说,最持久、最深层的力量是全社会共同认可的核心价值观。核心价值观,承载着一个民族、一个国家的精神追求,体现着一个社会评判是非曲直的价值标准。核心价值观是一个民族赖以维系的精神纽带,是一个国家共同的思想道德基础。如果没有共同的核心价值观,一个民族、一个国家就会魂无定所、行无依归。价值观是人类在认识、改造自然和社会的过程中产生与发挥作用的。不同民族、不同国家由于其自然条件和发展历程不同,产生和形成的核心价值观也各有特点。一个民族、一个国家的核心价值观必须同这个民族、这个国家的历史文化相契合。牢固的核心价值观,都有其固有的根本。抛弃传统、丢掉根本,就等于割断了自己的精神命脉。博大精深的中华优秀传统文化是我们在世界文化激荡中站稳脚跟的根基。

培育和践行社会主义核心价值观必须立足中华优秀传统文化,是因为中华优秀传统文化蕴含着中华民族的精神基因。一个民族的文明进步,一个国家的发展壮大,需要一代又一代人接力努力,需要很多力量来推动,核心价值观是其中最持久、最深沉的力量。中华民族有着五千多年的悠久历史和灿烂文化,中华文明从远古延续发展到今天。为什么中华民族能够在几千年的历史长河中顽强生存和不断发展呢?很重要的一个原因,是我们民族有一脉相承的精神追求、精神特质、精神脉络。中华文化源远流长,积淀着中华民族最深层的精神追求,培育了中国人民崇高的价值追求,代表着中华民族独特的精神标识,为中华民族生生不息、发展壮大提供了丰厚滋养,今天依然是我们推进改革开放和社会主义现代化建设的强大精神力量。当代中国是历史中国的延续和发展,当代中国思想文化也是中国传统思想文化的传承和升华,要认识今天的中国、今天的中国人,就要深入了解中国的文化血脉,准确把握滋养中国人的文化土壤。中国是有着悠久文明的国家。在世界几大古代文明中,中华文明是没有中断、延续发展至今的文明,已经有五千多年的历史。我们的祖先在几千年前创造的文字至今仍在使用。两千多年前,中国就出现了诸子百家的盛况,老子、孔子、墨子等思想家上究天文、下穷地理,广泛探讨人与人、人与社会、人与自然关系的真谛,提出了博大精深的思想体系。他们提出的很多理念,如孝悌忠信、礼义廉耻、仁者爱人、与人为善、天人合一、道法自然、自强不息等,至今仍然深深影响着中国人的生活。中国人看待世界、看待社会、看待人生,有自己独特的价值体系。中华优秀传统文化已经成为中华民族的基因,植根在中国人的内心,潜移默化影响着中国人的思想方式和行为方式。今天,我们提倡和弘扬社会主义核心价值观,必须从中汲取丰富营养,否则就不会有生命力和影响力。

培育和践行社会主义核心价值观必须立足中华优秀传统文化,是因为中华优秀传统文化是涵养社会主义核心价值观的重要源泉,很多思想理念和道德规范有其永不褪色的价值。比如,中华优秀传统文化强调"民惟邦本""天人合一""和而不同",强调"天行健,君子以自强不息""大道之行也,天下为公";强调"天下兴亡,匹夫有责",主张以德治国、以文化人;强调"君子喻于义""君子坦荡荡""君子义以为质";强调"言必信,行必果""人而无信,不知其可也";强调"德不孤,必有邻""仁者爱人""与人为善""己所不欲,勿施于人""出入相友,守望相助""老吾老以及人之老,幼吾幼以及人之幼""扶贫济困”“不患寡而患不均”,等等。像这样的思想和理念,不论过去还是现在,都有其鲜明的民族特色,都有其永不褪色的时代价值。这些思想和理念,既随着时间推移和时代变迁而不断与时俱进,又有其自身的连续性和稳定性。我们生而为中国人,最根本的是我们有中国人的独特精神世界,有百姓日用而不觉的价值观。我们提倡的社会主义核心价值观,其充分体现了对中华优秀传统文化的传承和升华。

中华优秀传统文化蕴藏着解决当代人类面临的难题的重要启示,比如,关于道法自然、天人合一的思想,关于天下为公、大同世界的思想,关于自强不息、厚德载物的思想,关于以民为本、安民富民乐民的思想,关于为政以德、政者正也的思想,关于苟日新日日新又日新、革故鼎新、与时俱进的思想,关于脚踏实地、实事求是的思想,关于经世致用、知行合一、躬行实践的思想,关于集思广益、博施众利、群策群力的思想,关于仁者爱人、以德立人的思想,关于以诚待人、讲信修睦的思想,关于清廉从政、勤勉奉公的思想,关于俭约自守、力戒奢华的思想,关于中和、泰和、求同存异、和而不同、和谐相处的思想,关于安不忘危、存不忘亡、治不忘乱、居安思危的思想,等等。中华优秀传统文化的丰富哲学思想、人文精神、教化思想、道德理念等,可以为人们认识世界和改造世界提供有益启迪,可以为治国理政提供有益启示,也可以为道德建设提供有益启发。

2020 年抗疫斗争的胜利彰显了社会主义核心价值和中华优秀传统文化的强大精神力量。习近平在全国抗击新冠肺炎疫情表彰大会上的讲话中指出,社会主义核心价值观、中华优秀传统文化所具有的强大精神动力,是凝聚人心、汇聚民力的强大力量。文化自信是一个国家、一个民族发展中最基本、最深沉、最持久的力量。向上向善的文化是一个国家、一个民族休戚与共、血脉相连的重要纽带。中国人历来抱有家国情怀,崇尚天下为公、克己奉公,信奉天下兴亡、匹夫有责,强调和衷共济、风雨同舟,倡导守望相助、尊老爱幼,讲求自由和自律统一、权利和责任统一。在这次抗疫斗争中,全体中国人民显示出高度的责任意识、自律观念、奉献精神、友爱情怀,铸就团结一心、众志成城的强大精神防线。

(二)立足中华优秀传统文化的基本方法

立足中华优秀传统文化,培育和践行社会主义核心价值观,首先要讲清楚中华优秀传统文化的内涵。讲清楚中华文化积淀着中华民族最深沉的精神追求,是中华民族生生不息、发展壮大的丰厚滋养;讲清楚中华优秀传统文化是中华民族的突出优势,是我们最深厚的文化软实力;讲清楚中国特色社会主义植根于中华文化沃土、反映中国人民意愿、适应中国和时代发展进步要求,有着深厚历史渊源和广泛现实基础。同时,更要讲清楚中华优秀传统文化的历史渊源、发展脉络、基本走向,讲清楚中华文化的独特创造、价值理念、鲜明特色,增强文化自信和价值观自信。要认真汲取中华优秀传统文化的思想精华和道德精髓,大力弘扬以爱国主义为核心的民族精神和以改革创新为核心的时代精神,深入挖掘和阐发中华优秀传统文化讲仁爱、重民本、守诚信、崇正义、尚和合、求大同的时代价值,使中华优秀传统文化成为涵养社会主义核心价值观的重要源泉。要处理好继承和创造性发展的关系,重点做好创造性转化和创新性发展。

为增强文化自觉和文化自信,深入挖掘中华优秀传统文化价值内涵,激发中华优秀传统文化的生机与活力,2017 年 1 月,中共中央办公厅、国务院办公厅印发了《关于实施中华优秀传统文化传承发展工程的意见》。文件提出了传承和发展中华优秀传统文化的基本任务:

深入阐发文化精髓。加强中华文化研究阐释工作,深入研究阐释中华文化的历史渊源、发展脉络、基本走向,深刻阐明中华优秀传统文化是发展当代中国马克思主义的丰厚滋养,深刻阐明传承发展中华优秀传统文化是建设中国特色社会主义事业的实践之需,深刻阐明丰富多彩的多民族文化是中华文化的基本构成,深刻阐明中华文明是在与其他文明不断交流互鉴中丰富发展的,着力构建有中国底蕴、中国特色的思想体系、学术体系和话语体系。加强党史国史及相关档案编修,做好地方史志编纂工作,巩固中华文明探源成果,正确反映中华民族文明史,推出一批研究成果。实施中华文化资源普查工程,构建准确权威、开放共享的中华文化资源公共数据平台。建立国家文物登录制度。建设国家文献战略储备库、革命文物资源目录和大数据库。实施国家古籍保护工程，完善国家珍贵古籍名录和全国古籍重点保护单位评定制度，加强中华文化典籍整理编纂出版工作。完善非物质文化遗产、馆藏革命文物普查建档制度。

贯穿国民教育始终。围绕立德树人根本任务，遵循学生认知规律和教育教学规律，按照一体化、分学段、有序推进的原则，把中华优秀传统文化全方位融入思想道德教育、文化知识教育、艺术体育教育、社会实践教育各环节，贯穿于启蒙教育、基础教育、职业教育、高等教育、继续教育各领域。以幼儿、小学、中学教材为重点，构建中华文化课程和教材体系。编写中华文化幼儿读物，开展“少年传承中华传统美德”系列教育活动，创作系列绘本、童谣、儿歌、动画等。修订中小学道德与法治、语文、历史等课程教材。推动高校开设中华优秀传统文化必修课，在哲学社会科学及相关学科专业和课程中增加中华优秀传统文化的内容。加强中华优秀传统文化相关学科建设，重视保护和发展具有重要文化价值和传承意义的“绝学”、冷门学科。推进职业院校民族文化传承与创新示范专业点建设。丰富拓展校园文化，推进戏曲、书法、高雅艺术、传统体育等进校园，实施中华经典诵读工程，开设中华文化公开课，抓好传统文化教育成果展示活动。研究制定国民语言教育大纲，开展好国民语言教育。加强面向全体教师的中华文化教育培训，全面提升师资队伍水平。

保护传承文化遗产。坚持保护为主、抢救第一、合理利用、加强管理的方针，做好文物保护工作，抢救保护濒危文物，实施馆藏文物修复计划，加强新型城镇化和新农村建设中的文物保护。加强历史文化名城名镇名村、历史文化街区、名人故居保护和城市特色风貌管理，实施中国传统村落保护工程，做好传统民居、历史建筑、革命文化纪念地、农业遗产、工业遗产保护工作。规划建设一批国家文化公园，成为中华文化重要标识。推进地名文化遗产保护。实施非物质文化遗产传承发展工程，进一步完善非物质文化遗产保护制度。实施传统工艺振兴计划。大力推广和规范使用国家通用语言文字，保护传承方言文化。开展少数民族特色文化保护工作，加强少数民族语言文字和经典文献的保护和传播，做好少数民族经典文献和汉族经典文献互译出版工作。实施中华民族音乐传承出版工程、中国民间文学大系出版工程。推动民族传统体育项目的整理研究和保护传承。

滋养文艺创作。善于从中华文化资源宝库中提炼题材、获取灵感、汲取养分，把中华优秀传统文化的有益思想、艺术价值与时代特点和要求相结合，运用丰富多样的艺术形式进行当代表达，推出一大批底蕴深厚、涵育人心的优秀文艺作品。科学编制重大革命和历史题材、现实题材、爱国主义题材、青少年题材等专项创作规划，提高创作生产组织化程度，彰显中华文化的精神内涵和审美风范。加强对中华诗词、音乐舞蹈、书法绘画、曲艺杂技和历史文化纪录片、动画片、出版物等的扶持。实施戏曲振兴工程，做好戏曲“像音像”工作，挖掘整理优秀传统剧目，推进数字化保存和传播。实施网络文艺创作传播计划，推动网络文学、网络音乐、网络剧、微电影等传承发展中华优秀传统文化。实施中国经典民间故事动漫创作工程、中华文化电视传播工程，组织创作生产一批传承中华文化基因、具有大众亲和力的动画片、纪录片和节目栏目。大力加强文艺评论，改革完善文艺评奖，建立有中国特色的文艺研究评论体系，倡导中华美学精神，推动美学、美德、美文相结合。

融入生产生活。注重实践与养成、需求与供给、形式与内容相结合，把中华优秀传统文化内涵更好更多地融入生产生活各方面。深入挖掘城市历史文化价值，提炼精选一批凸显文化特色的经典性元素和标志性符号，纳入城镇化建设、城市规划设计，合理应用于城市雕塑、广场园林等公共空间，避免千篇一律、千城一面。挖掘整理传统建筑文化，鼓励建筑设计继承创新，推进城市修补、生态修复工作，延续城市文脉。加强“美丽乡村”文化建设，发掘和保护一批处处有历史、步步有文化的小镇和村庄。用中华优秀传统文化的精髓涵养企业精神，培育现代企业文化。实施中华老字号保护发展工程，支持一批文化特色浓、品牌信誉高、有市场竞争力的中华老字号做精做强。深入开展“我们的节日”主题活动，实施中国传统节日振兴工程，丰富春节、元宵、清明、端午、七夕、中秋、重阳等传统节日文化内涵，形成新的节日习俗。加强对传统历法、节气、生肖和饮食、医药等的研究阐释、活态利用，使其有益的文化价值深度嵌入百姓生活。实施中华节庆礼仪服装服饰计划，设计制作展现中华民族独特文化魅力的系列服装服饰。大力发展文化旅游，充分利用历史文化资源优势，规划设计推出一批专题研学旅游线路，引导游客在文化旅游中感知中华文化。推动休闲生活与传统文化融合发展，培育符合现代人需求的传统休闲文化。发展传统体育,抢救濒危传统体育项目,把传统体育项目纳入全民健身工程。

加大宣传教育力度。综合运用报纸、书刊、电台、电视台、互联网站等各类载体,融通多媒体资源,统筹宣传、文化、文物等各方力量,创新表达方式,大力彰显中华文化魅力。实施中华文化新媒体传播工程。充分发挥图书馆、文化馆、博物馆、群艺馆、美术馆等公共文化机构在传承发展中华优秀传统文化中的作用。编纂出版系列文化经典。加强革命文物工作,实施革命文物保护利用工程,做好革命遗址、遗迹、烈士纪念设施的保护和利用。推动红色旅游持续健康发展。深入开展“爱我中华”主题教育活动,充分利用重大历史事件和中华历史名人纪念活动、国家公祭仪式、烈士纪念日,充分利用各类爱国主义教育基地、历史遗迹等,展示爱国主义深刻内涵,培育爱国主义精神。加强国民礼仪教育。加大对国家重要礼仪的普及教育与宣传力度,在国家重大节庆活动中体现仪式感、庄重感、荣誉感,彰显中华传统礼仪文化的时代价值,树立文明古国、礼仪之邦的良好形象。研究提出承接传统习俗、符合现代文明要求的社会礼仪、服装服饰、文明用语规范,建立健全各类公共场所和网络公共空间的礼仪、礼节、礼貌规范,推动形成良好的言行举止和礼让宽容的社会风尚。把优秀传统文化思想理念体现在社会规范中,与制定市民公约、乡规民约、学生守则、行业规章、团体章程相结合。弘扬孝敬文化、慈善文化、诚信文化等,开展节俭养德全民行动和学雷锋志愿服务。广泛开展文明家庭创建活动,挖掘和整理家训、家书文化,用优良的家风家教培育青少年。挖掘和保护乡土文化资源,建设新乡贤文化,培育和扶持乡村文化骨干,提升乡土文化内涵,形成良性乡村文化生态,让子孙后代记得住乡愁。加强港澳台中华文化普及和交流,积极举办以中华文化为主题的青少年夏令营、冬令营以及诵读和书写中华经典等交流活动,鼓励港澳台艺术家参与国家在海外举办的感知中国、中国文化年(节)、欢乐春节等品牌活动,增强国家认同、民族认同、文化认同。

推动中外文化交流互鉴。加强对外文化交流合作,创新人文交流方式,丰富文化交流内容,不断提高文化交流水平。充分运用海外中国文化中心、孔子学院,文化节展、文物展览、博览会、书展、电影节、体育活动、旅游推介和各类品牌活动，助推中华优秀传统文化的国际传播。支持中华医药、中华烹饪、中华武术、中华典籍、中国文物、中国园林、中国节日等中华传统文化代表性项目走出去。积极宣传推介戏曲、民乐、书法、国画等我国优秀传统文化艺术，让国外民众在审美过程中获得愉悦、感受魅力。加强"一带一路"沿线国家文化交流合作。鼓励发展对外文化贸易，让更多体现中华文化特色、具有较强竞争力的文化产品走向国际市场。探索中华文化国际传播与交流新模式，综合运用大众传播、群体传播、人际传播等方式，构建全方位、多层次、宽领域的中华文化传播格局。推进国际汉学交流和中外智库合作，加强中国出版物国际推广与传播，扶持汉学家和海外出版机构翻译出版中国图书，通过华侨华人、文化体育名人、各方面出境人员，依托我国驻外机构、中资企业、与我友好合作机构和世界各地的中餐馆等，讲好中国故事、传播好中国声音、阐释好中国特色、展示好中国形象。

在讲清楚中华优秀传统文化的基础上，还要深入研究，继承创新。传统文化在其形成和发展过程中，不可避免地会受到当时人们的认识水平、时代条件、社会制度的局限性的制约和影响，因而也不可避免地会存在陈旧过时或已成为糟粕性的东西。这就要求人们在学习、研究、应用传统文化时坚持古为今用、推陈出新，结合新的实践和时代要求进行正确取舍，而不能一股脑儿都拿到今天来照套照用。要坚持古为今用、以古鉴今，坚持有鉴别的对待、有扬弃的继承，而不能搞厚古薄今、以古非今，努力实现传统文化的创造性转化、创新性发展，使之与现实文化相融相通，共同服务以文化人的时代任务。当然，我们强调弘扬社会主义核心价值观，继承和发扬中华民族优秀传统文化，坚持和弘扬中国精神，并不排斥学习借鉴世界优秀文化成果。我们必须坚持开拓创新，实现中华文化的创造性转化和创新性发展，形成较为完整的中国文化基因的理念体系。

四、在坚持立德树人中教育引导

培育和践行社会主义核心价值观要从娃娃抓起,青少年是祖国的未来、民族的希望,承担着中华民族伟大复兴的时代重任。青少年阶段是人生的“拔节孕穗期”,这一时期心智逐渐健全,思维进入最活跃的状态,最需要精心引导和栽培。所以说,教育引导是培育和践行社会主义核心价值观最重要的途径,关系社会主义核心价值观能否在时代新人中立于心、践于行,关系党和国家的未来。虽然教育引导青少年培育和践行社会主义核心价值观不单单是学校的责任,但现在我国各级各类学历教育在校生达到2.7亿人,全国各类高等教育在学总规模达到3779万人。对青少年开展培育和践行社会主义核心价值观的教育引导,主要还是依靠学校的思想政治教育。党的十八大以来,党中央高度重视教育工作,先后召开全国高校思想政治工作会议、全国教育大会,全面加强各级各类学校的思想政治教育工作。

(一)教育的根本任务是立德树人

教育是民族振兴、社会进步的重要基石,对提高人民的综合素质、促进人的全面发展、增强中华民族的创新创造活力、实现中华民族的伟大复兴具有决定性意义。学校是立德树人的地方,培养什么人是教育的首要问题。我国是中国共产党领导的社会主义国家,这就决定了我们的教育必须把培养社会主义建设者和接班人作为根本任务,培养一代又一代拥护中国共产党的领导和我国社会主义制度、立志为中国特色社会主义奋斗终生的有用人才。这是教育工作的根本任务,也是教育现代化的方向与目标。

首先,立德树人要坚持正确的政治方向,抓好马克思主义理论教育。深化学生对马克思主义的历史必然性和科学真理性、理论意义和现实意义的认识,教育他们学会运用马克思主义的立场、观点、方法观察世界、分析世界,真正搞懂面临的时代课题,深刻把握世界的发展走向,认清中国和世界的发展大势，让学生深刻感悟马克思主义真理的力量，为学生成长成才打下科学的思想基础。坚持不懈地培育和弘扬社会主义核心价值观，引导广大师生做社会主义核心价值观的坚定信仰者、积极传播者和模范践行者。

其次，立德树人要在坚定理想信念上下功夫，教育引导学生树立共产主义远大理想和中国特色社会主义共同理想，增强学生的中国特色社会主义道路自信、理论自信、制度自信、文化自信，立志肩负起民族复兴的时代重任。要在厚植爱国主义情怀上下功夫，让爱国主义精神在学生心中牢牢扎根，教育引导学生热爱和拥护中国共产党，立志听党话、跟党走，立志扎根人民、奉献国家。要在加强品德修养上下功夫，教育引导学生培育和践行社会主义核心价值观，踏踏实实修好品德，成为有大爱大德大情怀的人。要在增长知识见识上下功夫，教育引导学生珍惜学习时光，心无旁骛求知问学，增长见识，丰富学识，沿着求真理、悟道理、明事理的方向前进。要在培养奋斗精神上下功夫，教育引导学生树立高远志向，历练敢于担当、不懈奋斗的精神，具有勇于奋斗的精神状态、乐观向上的人生态度，做到刚健有为、自强不息。要在增强综合素质上下功夫，教育引导学生培养综合能力，培养创新思维。要树立健康第一的教育理念，开齐开足体育课，帮助学生在体育锻炼中享受乐趣、增强体质、健全人格、锤炼意志。要全面加强和改进学校美育，坚持以美育人、以文化人，提高学生的审美和人文素养。要在学生中弘扬劳动精神，教育引导学生崇尚劳动、尊重劳动，懂得劳动最光荣、劳动最崇高、劳动最伟大、劳动最美丽的道理，长大后能够辛勤劳动、诚实劳动、创造性劳动。

最后，立德树人关键在于建立健全落实机制，扭转不科学的教育评价导向。有什么样的评价指挥棒，就有什么样的办学导向。坚决克服唯分数、唯升学、唯文凭、唯论文、唯“帽子”的顽瘴痼疾，从根本上解决教育评价指挥棒问题，扭转教育功利化倾向。要全面落实立德树人根本任务，推进育人方式、办学模式、管理体制、保障机制改革，建立促进学生身心健康、全面发展的长效机制。构建德智体美劳全面培养的教育体系，形成更高水平的人才培养体系。把立德树人融入思想道德教育、文化知识教育、社会实践教育各环节，贯穿基础教育、职业教育、高等教育各领域，学科体系、教学体系、教材体系、管理体系要围绕这个目标来设计，教师要围绕这个目标来教，学生要围绕这个目标来学。凡是不利于实现这个目标的做法都要坚决改过来。

为完善立德树人体制机制,2020 年 10 月,中共中央、国务院印发了《深化新时代教育评价改革总体方案》《关于全面加强和改进新时代学校体育工作的意见》和《关于全面加强和改进新时代学校美育工作的意见》。全面改革教育评价机制,扭转不科学的教育评价导向。改革学校评价,推进落实立德树人根本任务。改革教师评价,推进践行教书育人使命。改革学生评价,促进德智体美劳全面发展。改革用人评价,共同营造教育发展良好环境。全面加强和改进新时代学校体育工作,强调学校体育是实现立德树人根本任务、提升学生综合素质的基础性工程,是加快推进教育现代化、建设教育强国和体育强国的重要工作,对于弘扬社会主义核心价值观,培养学生的爱国主义、集体主义、社会主义精神和奋发向上、顽强拼搏的意志品质,实现以体育智、以体育心具有独特的功能。全面加强和改进新时代学校美育工作,强调美是纯洁道德、丰富精神的重要源泉。美育是审美教育、情操教育、心灵教育,也是丰富想象力和培养创新意识的教育,能提升审美素养、陶冶情操、温润心灵、激发创新创造活力。

立德树人的教育任务要坚持不懈地抓下去。我们要从党和国家事业发展全局的高度,全面贯彻党的教育方针,坚持社会主义办学方向,把立德树人作为教育的根本任务,发挥教育在培育和践行社会主义核心价值观中的重要作用,深化学校思想政治理论课改革创新,加强和改进学校体育美育,广泛开展劳动教育,发展素质教育,推进教育公平,促进学生德智体美劳全面发展,培养学生的爱国情怀、社会责任感、创新精神和实践能力。

(二)教师是教育引导的示范者和引路人

教师是人类灵魂的工程师,承担着神圣的使命。老师的一言一行都给学生以极大的影响,教师的思想政治状况具有很强的示范性。传道者自己首先要明道、信道,始终做到以德立身、以德立学、以德施教。

1. 师德师风是评价教师队伍素质的第一标准

2014 年教师节时,习近平同北京师范大学的师生代表座谈时就如何做好一名好老师提出了四点要求:要有理想信念、有道德情操、有扎实学识、有仁爱之心。2018 年 5 月 2 日，习近平在北京大学师生座谈会上再次强调，师德师风是评价好老师的第一标准。

做好老师，要有理想信念。老师肩负着培养下一代的重要责任。正确的理想信念是教书育人、播种未来的指路明灯。不能想象一个没有正确的理想信念的人能够成为好老师。好老师心中要有国家和民族，要明确意识到肩负的国家使命和社会责任，要始终同党和人民站在一起，自觉做中国特色社会主义的坚定信仰者和忠实实践者，忠诚于党和人民的教育事业，自觉把党的教育方针贯彻到教学管理工作全过程，严肃认真对待自己的职责。好老师，要有道德情操。老师的人格力量和人格魅力是成功教育的重要条件。老师对学生的影响，离不开老师的学识和能力，更离不开老师为人处世、于国于民、于公于私所持的价值观。合格的老师首先应该是道德上的合格者，好老师首先应该是以德施教、以德立身的楷模。好老师，要有扎实学识。老师自古就被称为"智者"，智慧型的老师具备学习、处世、生活、育人的智慧，既授人以鱼，又授人以渔，能够在各个方面给学生以帮助和指导。好老师，要有仁爱之心。教育是一门"仁而爱人"的事业，爱是教育的灵魂，没有爱就没有教育。好老师应该是仁师，没有爱心的人不可能成为好老师。好老师要用爱培育爱、激发爱、传播爱，通过真情、真心、真诚拉近同学生的距离，滋润学生的心田，使自己成为学生的好朋友和贴心人。

2. 加强师德师风建设

为落实立德树人根本任务，加强师德师风建设，培养高素质的教师队伍，加快教育现代化，建设教育强国，2018 年 1 月，中共中央、国务院印发了《关于全面深化新时代教师队伍建设改革的意见》。《意见》提出，突出师德是全面深化新时代教师队伍建设改革的一项基本原则。要把提高教师思想政治素质和职业道德水平摆在首要位置，把社会主义核心价值观贯穿教书育人全过程，突出全员全方位全过程师德养成，推动教师成为先进思想文化的传播者、党执政的坚定支持者、学生健康成长的指导者。加强教师党支部和党员队伍建设，主力提升教师思想政治素质，弘扬高尚师德，实施师德师风建设工程。

为加强师德师风建设，规范教师职业道德，教育部研究制定了《新时代高校教师职业行为十项准则》《新时代中小学教师职业行为十项准则》《新时代幼儿园教师职业行为十项准则》,明确新时代教师职业规范。新时代高校教师职业行为十项准则是:坚定政治方向,自觉爱国守法,传播优秀文化,潜心教书育人,关心爱护学生,坚持言行雅正,遵守学术规范,秉持公平诚信,坚守廉洁自律,积极奉献社会。新时代中小学教师职业行为十项准则是:坚定政治方向,自觉爱国守法,传播优秀文化,潜心教书育人,关心爱护学生,加强安全防范,坚持言行雅正,秉持公平诚信,坚守廉洁自律,规范从教行为。新时代幼儿园教师职业行为十项准则是:坚定政治方向,自觉爱国守法,传播优秀文化,潜心培幼育人,加强安全防范,关心爱护幼儿,遵循幼教规律,秉持公平诚信,坚守廉洁自律,规范保教行为。

为保证师德师风建设落实落地,教育部制定了《关于高校教师师德失范行为处理的指导意见》,修订了 2014 年印发的《中小学教师违反职业道德行为处理办法》,制定了《幼儿园教师违反职业道德行为处理办法》。严格规范教师职业道德,对教师师德失范行为实行“一票否决”。

(三)思想政治理论课是落实立德树人根本任务的关键课程

1. 理直气壮开好思想政治理论课

我们党历来高度重视思想政治理论课建设。在革命、建设、改革各个历史时期,我们党对思想政治理论课建设都做出过重要部署。新民主主义革命时期,我们党在红军大学、苏维埃大学、抗日军政大学、陕北公学等高校开设“党的建设”“中国革命运动史”“马列主义”“辩证唯物主义”“科学社会主义”等课程,在列宁小学开设“社会工作”课程,在解放区的小学、陕甘宁边区的中学开设“政治常识”课程。新中国成立后,我们党就把“中国革命常识”“共同纲领”列入中学教学计划,在高校开设“中国革命史”“马列主义基础”“政治经济学”“辩证唯物论与历史唯物论”等课程,强调中高等学校政治理论课的任务是用马克思列宁主义、毛泽东思想武装青年,培养坚强的革命接班人。改革开放以来,党中央先后出台 10 多个关于学校思想政治工作的文件,对思想政治理论课建设提出明确要求,不断推动思想政治理论课改革。

当前形势下,办好思想政治理论课,要放在世界百年未有之大变局、党和国家事业发展全局中来看待,要从坚持和发展中国特色社会主义、建设社会主义现代化强国、实现中华民族伟大复兴的高度来对待。我们正在为实现“两个一百年”奋斗目标而努力。未来30年,我们培养的人要能够完成“两个一百年”的伟业。这就是教育的历史责任。我们党立志于中华民族千秋伟业,必须培养一代又一代拥护中国共产党的领导和我国社会主义制度、立志为中国特色社会主义事业奋斗终生的有用人才。这就要求我们把下一代教育好、培养好,从学校抓起、从娃娃抓起。在大中小学循序渐进、螺旋上升地开设思想政治理论课非常必要,是培养一代又一代社会主义建设者和接班人的重要保障。随着我国日益扩大开放,日益走近世界舞台中央,我国同世界的联系更趋紧密,相互影响更趋深刻,意识形态领域面临的形势和斗争也更加复杂。学校是意识形态工作的前沿阵地,可不是一个象牙之塔,也不是一个桃花源。办好思想政治理论课,就是要开展马克思主义理论教育,用新时代中国特色社会主义思想铸魂育人,引导学生增强中国特色社会主义道路自信、理论自信、制度自信、文化自信,厚植爱国主义情怀,把爱国情、强国志、报国行自觉融入坚持和发展中国特色社会主义、建设社会主义现代化强国、实现中华民族伟大复兴的奋斗之中。

应该有信心办好思想政治理论课。党中央对教育工作高度重视,对思想政治工作、意识形态工作高度重视,始终坚持马克思主义的指导地位,大力推进中国特色社会主义学科体系建设,为思想政治理论课建设提供了根本保证。中国共产党执政规律、社会主义建设规律、人类社会发展规律的认识和把握不断深入,开辟了中国特色社会主义理论和实践发展的新境界,中国特色社会主义取得举世瞩目的成就,为思想政治理论课建设提供了有力支撑。中国特色社会主义理论是一个体系,新时代中国特色社会主义思想就是在当前这个发展阶段中国共产党历史性提出来的。还有中华民族几千年来形成了博大精深的优秀传统文化,中国共产党带领人民在革命、建设、改革过程中锻造的革命文化和社会主义先进文化,为思想政治理论课建设提供了深厚力量。思想政治理论课建设长期以来形成的一系列规律性认识和成功经验,为思想政治理论课建设守正创新提供了重要基础。

2. 思想政治理论课教师自觉做为人为学的表率

办好思想政治理论课关键在教师,关键在发挥教师的积极性、主动性、创造性。

思想政治理论课教师的政治要强。思想政治理论课要解决学生的理想信念问题。要让有信仰的人讲信仰。对马克思主义的信仰,对社会主义和共产主义的信念,只有首先在思想政治理论课教师心中扎下根,才能在学生心中开花结果。思想政治理论课教师只有自己信仰坚定,对所讲的内容高度认同,做学习和实践马克思主义的典范,才能讲得有底气,才能讲深讲透,才能有效引导学生真学、真懂、真信、真用。

思想政治理论课教师的情怀要深。思想政治理论课要引导学生立德成人、立志成才。只有打动学生,才能引导学生。教师在课堂上展现的情怀最能打动人,甚至会影响学生的一生。真信才有真情,真情才能感染人。思想政治理论课教师要有家国情怀,心里装着国家和民族,在党和人民的伟大实践中关注时代、关注社会,汲取养分、丰富思想。要有传道情怀,对马克思主义理论教育事业投入真情实感。要有仁爱情怀,把对家国的爱、对教育的爱、对学生的爱融为一体。

思想政治理论课教师的思维要新。思想政治理论课要教会学生科学的思维。思想政治理论课教师给予学生的不应该只是一些抽象的概念,而应该是观察认识当代世界、当代中国的立场、观点、方法。思想政治理论课教学是一项非常有创造性的工作,要学会辩证唯物主义和历史唯物主义,善于运用创新思维、辩证思维,善于运用矛盾分析方法抓住关键、找准重点、阐明规律,创新课堂教学,给学生深刻的学习体验。

思想政治理论课教师的视野要广。思想政治理论课教师要有知识视野,除了具有马克思主义理论功底之外,还要广泛涉猎其他哲学社会科学以及自然科学的知识。要有宽广的国际视野,还要有历史视野,能通过生动、深入、具体的纵横比较,把一些道理讲明白、讲清楚。

思想政治理论课教师的自律要严。思想政治理论课教师对自己的要求要严格,既要遵守教学纪律,也要遵守政治纪律和政治规矩,做到课上课下一致、网上网下一致,不能在课上讲得不错,却在课下乱讲,不能在现实生活中表现不错,却在网上乱说。

思想政治理论课教师的人格要正。有人格,才有吸引力。亲其师,才能信其道。思想政治理论课教师要有堂堂正正的人格,用高尚的人格感染学生、赢得学生。要有学识魅力,用真理的力量感召学生,以深厚的理论功底赢得学生。思想要有境界,语言也要有魅力,从教师的话语中,学生能够感受到教师的人格和学识。

3. 思想政治理论课建设要守正创新

改革创新是时代精神,青少年是最活跃的群体,思想政治理论课建设要向改革创新要活力。推动思想政治理论课改革创新,要做到以下几点。

坚持政治性和学理性相统一。政治引导是思想政治理论课的基本功能。强调思想政治理论课的政治引导功能,并不是要把课讲成简单的政治宣传,而要以透彻的学理分析回应学生,以彻底的思想理论说服学生,用真理的强大力量引导学生。

坚持价值性和知识性相统一。思想政治理论课重在塑造学生的价值观,这一点必须牢牢抓住。强调思想政治理论课的价值性,不是要忽视知识性,而是要通过满足学生对知识的渴求加强价值观教育。知识是载体,价值是目的,要寓价值观引导于知识传授之中。

坚持建设性和批判性相统一。思想政治理论课的任务是传导主流意识形态,建设性是其根本。同时,彻底的批判精神是马克思主义本质特征,马克思主义就是在同各种错误思潮的不断斗争中开辟前进道路的。思想政治理论课要在传播马克思主义立场、观点、方法的基础上用好批判的武器,直面各种错误观点和思潮,旗帜鲜明进行剖析和批判。

坚持理论性和实践性相统一。思想政治理论课要用科学理论培养人,遵循不同学段学生的认知规律,把马克思主义基本原理讲清楚、讲透彻。同时,马克思主义是在实践中形成并不断发展的,要高度重视思想政治理论课的实践性,把思想政治小课堂同社会大课堂结合起来,在理论和实践的结合中,教育引导学生把人生抱负落到脚踏实地的实际行动中来,把学习奋斗的具体目标同民族复兴的伟大目标结合起来。

坚持统一性和多样性相统一。思想政治理论课的教学目标、课程设置、教材使用、教学管理等方面有统一要求,但具体落实要因地制宜、因时制宜、因材施教,结合实际把统一性要求落实好,鼓励探索不同的方法和路径。

坚持主导性和主体性相统一。思想政治理论课教学离不开教师的主导，同时要坚持以学生为中心，加大对学生的认知规律和接受特点的研究，发挥学生的主体性作用。

坚持灌输性和启发性相统一。灌输是马克思主义理论教育的基本方法。让学生接受马克思主义，离不开必要的灌输，但这不等于搞填鸭式的“硬灌输”。要注重启发式教育，引导学生发现问题、分析问题、思考问题，在不断启发中让学生水到渠成得出结论。

坚持显性教育和隐性教育相统一。思想政治理论课要做思想政治教育的显性课程。在理直气壮开好思想政治理论课的同时，要挖掘其他课程和教学方式中蕴含的思想政治教育资源，实现全员全程全方位育人。

讲好思想政治理论课最终要落到把思想政治理论课讲得更有亲和力和感染力、更有针对性和实效性上来，实现知、情、意、行的统一，让人口服心服。

（四）教育引导青少年培育和践行社会主义核心价值观

1. 青年树立和培育社会主义核心价值观的基本方法

一是要勤学，下得苦功夫，求得真学问。知识是树立核心价值观的重要基础。为学之要贵在勤奋、贵在钻研、贵在有恒。要勤于学习、敏于求知，注重把所学知识内化于心，形成自己的见解，既要专攻博览，又要关心国家、关心人民、关心世界，学会担当社会责任。二是要修德，加强道德修养，注重道德实践。道德之于个人、之于社会，都具有基础性意义，做人做事第一位的是崇德修身。一个人只有明大德、守公德、严私德，其才方能用得其所。修德，既要立意高远，又要立足平实。三是要明辨，善于明辨是非，善于决断选择。是非明，方向清，路子正，付出的辛劳才能结出果实。学会思考、善于分析、正确抉择，做到稳重自持、从容自信、坚定自励。四是要笃实，扎扎实实干事，踏踏实实做人。道不可坐论，德不能空谈。于实处用力，从知行合一上下功夫，核心价值观才能内化为人们的精神追求，外化为人们的自觉行动。

2. 少年儿童培育和践行社会主义核心价值观的要求和途径

少年儿童如何培育和践行社会主义核心价值观呢？主要是要适应少年儿童的年龄和特点，做到记住要求、心有榜样、从小做起、接受帮助。记住要求，就是要把社会主义核心价值观的基本内容熟记熟背，让它们融化在心灵里、铭刻在脑子中。由于少年儿童还在学习阶段，社会阅历不多，对社会主义核心价值观的含义不一定能理解得很深，但只要牢记在心，随着自己年龄、知识、阅历的不断增长，会明白得更多、更深、更透。心有榜样，就是要学习英雄人物、先进人物、美好事物，在学习中养成好的思想品德追求。从小做起，就是要从自己做起、从身边做起、从小事做起，一点一滴积累，养成好思想、好品德。接受帮助，就是要听得进意见，受得了批评，在知错就改、越改越好的氛围中健康成长。

让社会主义核心价值观在少年儿童中培育起来，家庭、学校、少先队组织和全社会都有责任。家庭是孩子的第一个课堂，父母是孩子的第一个老师。家长要时时处处给孩子做榜样，用正确行动、正确思想、正确方法教育引导孩子。要善于从点滴小事中教会孩子欣赏真善美、远离假丑恶。要注意观察孩子的思想动态和行为变化，随时做好教育引导工作。学校要把德育放在更加重要的位置，全面加强校风、师德建设，坚持教书育人，根据少年儿童的特点和成长规律，循循善诱，春风化雨，努力做到每一堂课不仅传播知识，而且传授美德，每一次活动不仅健康身心，而且陶冶性情，让同学们都得到倾心关爱和真诚帮助，让社会主义核心价值观的种子在学生们心中生根发芽。少先队要坚持开展组织教育、自主教育、实践活动，更好地为少年儿童培育和践行社会主义核心价值观服务，把广大少年儿童团结好、教育好、带领好。全社会都要了解少年儿童、尊重少年儿童、关心少年儿童、服务少年儿童，为少年儿童提供良好的社会环境。对损害少年儿童权益、破坏少年儿童身心健康的言行，要坚决防止和依法打击。

3. 在青少年中深入开展培育和践行社会主义核心价值观活动

在共青团中央组织领导下，各地在广大青少年中深入开展社会主义核心价值观宣传教育和实践活动，通过宣传教育、示范引领、实践养成相统一，努力让社会主义核心价值观在广大青少年中内化于心、外化于行。深入开展宣传教育，在青少年中广泛宣传社会主义核心价值观24个字的基本内容。深化中国特色社会主义和中国梦的宣传教育，在青少年中唱响坚定理想信念、勇于追梦圆梦的主旋律。利用重要节日及党史国史上重大事件、重要人物纪念日等,组织开展内涵丰富的主题宣传教育活动。广泛开展公民意识和公民道德教育,提高青少年的思想道德素质。强化媒体传播,牢牢把握正确舆论导向,突出运用新媒体,不断巩固壮大健康积极向上的主流思想舆论。深入开展道德实践,深化青年文明号创建、诚信示范月等活动,组织窗口行业团员青年立足岗位践行职业道德。深化青少年学雷锋活动和青年志愿者行动,推动学雷锋活动常态化,开展青年志愿者助残“阳光行动”,大力倡导践行文明新风。深化保护母亲河行动,广泛开展“光盘行动”、绿色出行、垃圾分类、节水节能等实践活动,动员青少年以实际行动建设美好家园。深入开展青年“五四”奖章等评选活动,选树表彰一批践行社会主义核心价值观的青少年典型,树立鲜明导向,引导青少年学习先进、争当先进。积极发挥同伴教育作用,面向各行各业和基层一线,开展“身边好青年”“大学生自强之星”“最美青工”“最美少年”等推选活动。广泛开展“奋斗的青春最美丽”分享团走基层、杰出青年进校园等活动,带动形成人人践行社会主义核心价值观的群体效应。发挥精神文化产品育人、化人的作用,创作推介面向青少年、思想性艺术性观赏性相统一的图书、影视节目、动漫、游戏等优秀文化作品。广泛开展丰富多彩的文化体育活动,促进青少年愉悦身心、提高素质。加强中华优秀传统文化教育,引导青少年积极做中华民族传统美德的传承者、践行者、弘扬者。

4. 培育和践行社会主义核心价值观融入中小学德育工作

创新中小学德育的内容。加强中华优秀传统文化教育,深入浅出地讲清楚中华优秀传统文化的历史渊源、发展脉络、基本走向,让学生逐步明白中华文化的独特创造、价值理念、鲜明特色,引导学生增强民族文化自信和价值观自信。加强公民意识教育。培养公民美德,发扬社会公德,增强国家认同,引导广大学生了解公民的基本权利与义务。加强生态文明教育。以节约资源和保护环境为主要内容,引导学生养成勤俭节约、低碳环保的行为习惯,形成健康文明的生活方式。加强心理健康教育,培养学生积极健康的心理品质,促进学生身心和谐发展。加强网络环境下的德育工作。引导学生正确对待网络虚拟世界,合理使用互联网、手机以及微博、微信等新媒体。

改进中小学德育的关键载体。改进课程育人,将社会主义核心价值观的内容和要求细化落实到各学科课程的德育目标之中。改进实践育人,将社会主义核心价值观细化为贴近学生的具体要求，转化为实实在在的行动。改进文化育人，挖掘地域历史文化传统，因地制宜开展校园文化建设，将社会主义核心价值观融入校园物质文化、精神文化、制度文化、行为文化之中。改进管理育人，积极推进学校治理现代化，将社会主义核心价值观的要求贯穿于学校管理制度的每一个细节之中。

夯实中小学德育的基本保障。改进方式方法，加强德育规律研究，从中小学生的身心特点和思想实际出发，注重循序渐进、因材施教，润物细无声，真正把德育工作做到学生心坎上。加强组织领导，将德育工作纳入教育发展规划和学校工作计划，确立年度德育工作目标和任务，明确相关责任主体。强化协同配合，各级教育部门和中小学校要主动联系综治、公安、民政、共青团、妇联、关工委等相关部门，切实加强对进城务工人员随迁子女、农村留守儿童的关爱和教育。完善督导评价，将中小学德育工作纳入教育综合督导的重要内容及责任区督学的工作范畴，使之制度化、规范化。

五、做大做强主流思想舆论

培育和践行社会主义核心价值观是一个从认知到认同、内化于心、外化于行的过程，无论是认知还是认同都需要从主动广泛宣传开始，引导舆论，弘扬主旋律，抵制错误思潮。通过舆论宣传的途径培育和践行社会主义核心价值观，不仅要重视阵地建设、方法创新，还要重视讲清楚社会主义核心价值观蕴含的“道”。党的十八大以来，我国高度重视思想理论建设、舆论宣传的阵地建设和方法创新，通过新的方式方法在新的宣传阵地上讲清楚社会主义核心价值观蕴含的“道”。

（一）哲学社会科学是精神事业

2019 年 3 月 4 日，习近平在参加全国政协十三届二次会议文化艺术界、社会科学界委员联组会时的讲话中指出：“正本清源、守正创新，一个国家、一个民族不能没有灵魂，作为精神事业，文化文艺、哲学社会科学当然就是一个灵魂的创作，一是不能没有，一是不能混乱。”这是给哲学社会科学新的定位，哲学社会科学也是一项精神事业，为新时代立德铸魂。哲学社会科学工作者用明德引领风尚，肩负着培育中国精神、阐释中国价值、凝聚中国力量的责任。

新时代培育和践行社会主义核心价值观迫切需要哲学社会科学。哲学社会科学是人们认识世界、改造世界的重要工具，是推动历史发展和社会进步的重要力量，其发展水平反映了一个民族的思维能力、精神品格、文明素质，体现了一个国家的综合国力和国际竞争力。面对社会思想观念和价值取向日趋活跃、主流和非主流同时并存、社会思潮纷纭激荡的新形势，如何巩固马克思主义在意识形态领域的指导地位，培育和践行社会主义核心价值观，巩固全党全国各族人民团结奋斗的共同思想基础，迫切需要哲学社会科学更好地发挥作用。面对世界范围内各种思想文化交流交融交锋的新形势，如何加快建设社会主义文化强国、增强文化软实力、提高我国在国际上的话语权，迫切需要哲学社会科学更好地发挥作用。

哲学社会科学工作者首先要明大德、立大德，自觉践行社会主义核心价值观。新时代的哲学社会科学工作者明大德、立大德，就要有信仰、有情怀、有担当，树立高远的理想追求和深沉的家国情怀，把个人的学术理想同国家前途、民族命运紧紧结合在一起，同人民福祉紧紧结合在一起，努力做对国家、对民族、对人民有贡献的学问家。要坚守高尚职业道德，以高远志向、良好品德、高尚情操为社会做出表率，多下苦功、多练真功，做到勤业精业。

哲学社会科学要在深化研究阐释上下功夫。社会主义核心价值观是科学社会主义在中国发展的创新内容，与社会主义有着一脉相承的价值追求。社会主义核心价值观还是当代中国精神的集中体现，与中华文化也有着相同的精神基因。培育和践行社会主义核心价值就需要讲清楚它们之间的关系。马克思说：“理论只要彻底，就能说服人。”马克思主义就是彻底的理论。舆论宣传引导就是要用彻底的思想理论说服人，社会主义核心价值观应经得起社会各种“为什么”的追问，应该以透彻的学理分析反击各种错误思潮。

马克思主义理论宣传工作也属于哲学社会科学范畴。加强对马克思主义经典著作的学习研究，加大经典著作编译力度，坚持既出成果又出人才，培养一支新时代马克思主义经典著作编译骨干队伍。深化经典著作研究阐释,推进经典著作宣传普及,不断推出群众喜闻乐见、贴近大众生活的形式多样的理论宣传作品,让理论为亿万人民所了解、所接受,画出最大的思想同心圆。新时代坚持和发展中国特色社会主义,需要大批能把马克思主义中国化讲好的人才,讲人民群众听得懂、听得进的话语,让党的创新理论“飞入寻常百姓家”。

(二)建设好互联网舆论宣传主阵地

舆论宣传思想工作是做人的工作,人在哪儿重点就在哪儿,宣传的主阵地就在哪儿。随着互联网的发展,特别是移动媒体的快速崛起,很多人特别是年轻人基本不看传统主流媒体,大部分信息都是从网上获取。现在,媒体格局、舆论生态、受众对象、传播技术都在发生深刻变化,特别是互联网正在媒体领域催发一场前所未有的变革。读者在哪里,受众在哪里,宣传报道的触角就要伸向哪里,宣传思想工作的着力点和落脚点就要放在哪里。这是十八大以来培育和践行社会主义核心价值观面临的最大变量,互联网已经成为舆论斗争的主战场。互联网是一个社会信息大平台,亿万网民在上面获得信息、交流信息,这会对他们的求知途径、思维方式、价值观念产生重要影响,特别是会对他们对国家、对社会、对工作、对人生的看法产生重要影响。在互联网这个战场上,我们能否顶得住、打得赢,直接关系我国意识形态安全和政权安全。正视这个事实,我国高度重视加强互联网建设,提出媒体融合发展,建设网络强国。

坚持党管媒体的原则不动摇。管好用好互联网,是新形势下掌控新闻舆论阵地的关键,重点要解决好谁来管、怎么管的问题。尽管互联网是随着市场经济的发展而不断壮大,互联网企业也更多的是市场主体,但是党管媒体的原则不能被架空,无论是新媒体,还是传统媒体,都必须坚持党管媒体的原则。党管媒体,不能说只管党直接掌握的媒体。党管媒体是把各级各类媒体都置于党的领导之下,这个领导不是“隔靴搔痒式”领导,方式可以有区别,但不能没有。有些人企图让互联网成为当代中国最大的变量。要把党管媒体的原则贯彻到新媒体领域,所有从事新闻信息服务、具有媒体属性和舆论动员功能的传播平台都要纳入管理范围,所有新闻信息服务和相关业务从业人员都要实行准入管理。

依法加强网络空间管理。网络空间是亿万民众共同的精神家园。网络空间天朗气清、生态良好,符合人民利益。网络空间乌烟瘴气、生态恶化,不符合人民利益。谁都不愿生活在一个充斥着虚假、诈骗、攻击、谩骂、恐怖、色情、暴力的空间。互联网不是法外之地。利用网络鼓吹推翻国家政权,煽动宗教极端主义,宣扬民族分裂思想,教唆暴力恐怖活动,等等,这样的行为要坚决制止和打击,绝不能任其大行其道。形成良好的网上舆论氛围,不是说只能有一个声音、一个调子,而是说不能搬弄是非、颠倒黑白、造谣生事、违法犯罪,不能超越了宪法法律的界限。对网上那些出于善意的批评,对互联网监督,不论是对党和政府工作提的还是对领导干部个人提的,不论是和风细雨的还是忠言逆耳的,不仅要欢迎,而且要认真研究和吸取。压实互联网企业的主体责任,绝不能让互联网成为传播有害信息、造谣生事的平台。加强互联网行业自律,调动网民的积极性,动员各方面力量参与治理。

加强网络内容建设,做强网上正面宣传。首先要解决好"本领恐慌"问题,真正成为运用现代传媒新手段、新方法的行家里手。对新闻媒体来说,内容创新、形式创新、手段创新都重要,但内容创新是根本。培育积极健康、向上向善的网络文化,用社会主义核心价值观和人类优秀文明成果滋养人心、滋养社会,做到正能量充沛、主旋律高昂,为广大网民特别是青少年营造一个风清气正的网络空间。

推动媒体融合发展。全媒体时代,传统媒体和新媒体要融合发展、合而为一,着力打造一批新型主流媒体。2020 年 9 月,中共中央办公厅、国务院办公厅印发《关于加快推进媒体深度融合发展的意见》。大力推动主流媒体全面挺进互联网主战场,以互联网思维优化资源配置,把更多优质内容、先进技术、专业人才、项目资金向互联网阵地汇集、向移动端倾斜,让分散在网下的力量尽快进军网上、深入网上,做大做强网络平台,占领新兴传播阵地。尽快建成一批具有强大影响力和竞争力的新型主流媒体,逐步构建网上网下一体、内宣外宣联动的主流舆论格局,建立以内容建设为根本、先进技术为支撑、创新管理为保障的全媒体传播体系。

(三)理直气壮讲好中国故事

故事是文化的基本元素和重要标识,也是文化能够得以广泛传播的最重要载体。自古以来,故事中就蕴含着人们的历史观、文化观和民族观。其实,讲好中国故事已经成为一种宣传理念,在培育和践行社会主义核心价值观中也作为一种有效的宣传方式广为应用。

讲故事,是国际传播的最佳方式。要讲好中国特色社会主义的故事,讲好中国梦的故事,讲好中国人的故事,讲好中华优秀传统文化的故事,讲好中国和平发展的故事。讲故事就是讲事实、讲形象、讲情感、讲道理,讲事实才能说服人,讲形象才能打动人,讲情感才能感染人,讲道理才能影响人。要组织各种精彩、精炼的故事载体,把中国道路、中国理论、中国制度、中国精神、中国力量寓于其中,使人想听爱听,听有所思,听有所得。

满怀文化自信讲好中国故事。正如党的十九大报告中指出的,站立在九百六十多万平方公里的广袤土地上,吸吮着五千多年中华民族漫长奋斗积累的文化养分,拥有十三亿多中国人民聚合的磅礴之力,我们走中国特色社会主义道路,具有无比广阔的时代舞台,具有无比深厚的历史底蕴,具有无比强大的前进定力。新中国成立后,特别是改革开放四十多年来,中国发生了翻天覆地的变化,中国的经济实力不断增长,人民的生活水平不断提高。实践是检验真理的唯一标准。中国取得的历史性成就,坚定了我们坚持中国特色社会主义道路、理论、制度、文化的信心。这是我们讲好中国故事的底气,也是中国故事的实践来源。

讲好中国故事的重点是,讲好中国共产党治国理政的故事、中国人民奋斗圆梦的故事、中国坚持和平发展合作共赢的故事,让世界更好地了解中国。讲好中国共产党的革命故事,引导广大党员、干部不断检视初心、滋养初心,不断锤炼忠诚干净担当的政治品格,激励人们坚定不移地跟党走,为实现美好生活而奋斗。讲好中华优秀传统文化的故事,中华优秀传统文化是中华民族的文化根脉,其蕴含的思想观念、人文精神、道德规范,不仅是我们中国人思想和精神的内核,对解决人类问题也有重要价值。讲好新时代的奋斗故事,用最鲜活的教材、人们身边的榜样,使社会主义核心价值观润物无声地深入人心。

六、广泛开展涵养社会主义核心价值的实践活动

知者行之始,行者知之成。培育和践行社会主义核心价值观,认知认同是基础,付诸行动是关键。社会主义核心价值观必须融入社会生活,让人们在社会生活实践中感知、领悟,从而内化于心,成为人们日用而不觉的行为准则。2015 年 4 月,中央宣传部、中央文明办印发《培育和践行社会主义核心价值观行动方案》,强调推进核心价值观建设要着眼践行、立足行动,紧密联系群众生产生活实践,在贯穿结合融入上下功夫,努力在全社会形成共同的价值追求。党的十八大以来,我国继续深化群众性精神文明创建活动,广泛开展公民道德建设。全国道德模范评选、时代楷模发布、感动中国人物表彰,"身边好人""寻找最美",道德模范形成了强大的示范效应,学雷锋、志愿服务在大江南北蔚然成风,与文明城市、文明村镇、文明单位、文明家庭、文明校园等创建活动同频共振,让社会主义核心价值观的影响无处不在,无时不有。十九大以来,我国开始试点建设新时代文明实践中心。总体来讲,进入新时代,比较突出的实践活动是高度重视在家风家教、节日庆典、绿色生活方式实践途径中培育和践行社会主义核心价值观。2019 年 10 月,中共中央、国务院印发的《新时代公民道德建设实施纲要》充分体现了这一点。

(一)推动形成社会主义家庭文明新风尚

家庭是社会的基本细胞,是人生的第一所学校,是影响社会个体成长的第一环境,也是影响其终身的重要环境。良好的家风家教对规范人们的言行、淳化社会风气有着重要作用,是推进社会主义核心价值观落地生根的重要抓手。家长要时时处处给孩子做榜样,用正确行动、正确思想、正确方法教育引导孩子。我们要重视家庭建设,注重家庭、注重家教、注重家风,紧密结合培育和践行社会主义核心价值观,重视充分发挥家庭建设对于社会主义核

心价值观建设的重要意义。

创建文明家庭，建设家风文化。文明家庭创建，是群众性精神文明创建活动的重要内容，是营造良好社会风气的重要支撑，在提高国民素质和社会文明程度方面发挥着重要作用。十八大以来，我国各地各部门坚持注重家庭、注重家教、注重家风，大力加强家庭文明建设，广泛开展文明家庭创建活动，着力培育和践行社会主义核心价值观，涌现出一大批尊老爱幼、男女平等、夫妻和睦、勤俭持家、邻里团结的文明家庭。2016 年 8 月，中央文明委印发《关于深化家庭文明建设的意见》，从文明家庭创建活动、建设新时代的家风文化、营造家庭文明建设浓厚社会氛围、强化法规政策保障作用等方面，对深化家庭文明建设做出一系列部署。2016 年 9 月，第一届全国文明家庭推荐评选工作正式启动。按照中央文明委制定的《全国文明家庭评选标准和评选办法》，以妇联评选的五好家庭、最美家庭为基础，坚持爱国守法、遵德守礼、平等和谐、敬业诚信、家教良好、家风淳朴、绿色节俭、热心公益等价值理念，选出了第一届获得“全国文明家庭”荣誉称号的家庭。2016 年 12 月 12 日，第一届全国文明家庭表彰大会在北京举行。“全国文明家庭”荣誉称号，是家庭文明建设领域的最高荣誉。这些文明家庭生活中的普通人，在平凡的日子里锤炼个人品德、书写家庭美德、遵守职业道德、弘扬社会公德，用实际行动践行社会主义核心价值观。全国文明家庭为亿万家庭树立起学习标杆和价值导向，有利于推进社会主义核心价值观在家庭里生根，真正做到日常经常平常，做到落细落小落实；有利于传承弘扬中华家庭美德，以好的家风支撑起好的社会风气；有利于引导人们树立家国情怀，把家庭幸福的梦想融入实现中华民族伟大复兴的中国梦之中。

（二）在节日庆典、礼节仪式中涵养社会主义核心价值观

节日是人们共同体验历史与现实、共享情感与价值观的集体活动，借此可以培育文化认同，增强社会凝聚力。作为一种人们广泛参与的文化实践活动，节日在培育和践行社会主义核心价值观中发挥着不可取代的作用。礼仪包括两部分：“礼”和“仪”。“礼”是礼节，“仪”是仪式。礼节一般是个人性的，而仪式大多是集体性的，如阅兵仪式、升旗仪式、国家公祭仪式等。仪式

是人类历史上最古老、最普遍的一种社会文化现象，仪式的功能就是凝聚社会团结、强化集体力量。礼仪教育在过去几千年的中华文明史中承担着继承和发扬中国传统美德的使命，同时对规范社会秩序起到了极其重要的作用。

重视传统节日。中国有着五千年悠久的历史文化传统，也形成了众多民族传统节日，这些节日有丰富的文化内涵和深厚的历史背景，是中华民族优秀传统文化的重要载体，它们穿越了时空而将中国文化的精神血脉连在一起。十八大以来，由中央宣传部、中央文明办主办的"我们的节日"主题活动秉承"长中国人的根、聚中国人的心、铸中国人的魂"宗旨，以民族传统节日为契机，弘扬中华优秀传统美德，让传统节日成为爱国节、文化节、道德节、情感节、仁爱节、文明节，彰显了节日文化内涵，树立了节日新风。

规范国歌奏唱礼仪。国歌是国家的象征和标志。中华人民共和国国歌是《义勇军进行曲》。国歌凝结着中国共产党领导人民争取民族独立、人民解放和实现国家富强、人民富裕的全部奋斗历程，是鼓舞人民奋勇前进的强劲旋律，是进行爱国主义教育的鲜活教材。热爱、尊重国歌，学唱、传唱国歌，规范、普及国歌奏唱礼仪，对于激发人们的爱国报国情感、培育和践行社会主义核心价值观，具有重要作用。为更好地发挥国歌在推进社会主义核心价值观建设中的教育引导作用，2014 年 12 月，中共中央办公厅、国务院办公厅印发《关于规范国歌奏唱礼仪的实施意见》，规范了奏唱国歌的场合和礼仪，并提出加大国歌内容宣传力度，让国歌的旋律在全社会亮起来，普及国歌奏唱礼仪，促使人们感悟国歌的力量和真谛，开展对违反国歌奏唱礼仪行为的监督，增强国歌奏唱的严肃性和规范性。

举办庄严庄重、内涵丰富的群众性庆祝和纪念活动。2014 年 2 月 27 日，第十二届全国人大常委会第七次会议决定，将 9 月 3 日确定为中国人民抗日战争胜利纪念日，将 12 月 13 日确定为南京大屠杀死难者公祭日。2014 年 8 月 31 日，第十二届全国人大常委会第十次会议通过的《全国人民代表大会常务委员会关于设立烈士纪念日的决定》规定，将 9 月 30 日设立为烈士纪念日。设立国家纪念日，以肃穆的仪式净化个体灵魂和社会气质，普及历史常识，增强人民的历史观、民族观、国家观，塑造和激发整个社会的良知，向社会传播和平与公正。这是培养爱国主义精神的重要举措。举办纪念活动，人们在庄严肃穆的仪式中感受国家和民族的不懈奋斗，感悟英烈的爱国情怀和奉献精神，同时激发在新时代的不懈奋斗和一往无前的精神状态。十八大以来，党和国家非常重视在纪念日举办各种纪念活动。2014 年 7 月 7 日是七七事变七十七周年纪念日。党和国家领导人到中国人民抗日战争纪念馆，同首都各界代表一起，隆重纪念全民族抗战爆发七十七周年。2014 年 9 月 3 日是中国人民抗日战争暨世界反法西斯战争胜利六十九周年纪念日。首都各界举行了隆重的纪念活动，党和国家领导人出席。2014 年 12 月 13 日，南京大屠杀死难者国家公祭仪式隆重举行。首个公祭日，习近平出席公祭仪式并发表重要讲话。2015 年 9 月 3 日，中国人民抗日战争暨世界反法西斯战争胜利七十周年纪念大会在北京隆重举行，天安门广场举行盛大阅兵仪式。2019 年，在中华人民共和国成立七十周年之际，我国举行了包括阅兵和群众花车游行等在内的一系列盛大庆典，从形式和内容上强化了大国崛起的国家形象，同时这也是一次爱国主义的集中教育。国家重大纪念日举行阅兵和群众游行已是制度化安排，通过行为符号、物件符号、声音符号、语言符号等仪式展演方式强化了民众的政治参与意识，激发了人们的爱国主义热忱。国家重大纪念和庆典活动是一种政治仪式，蕴藏着宝贵的思想政治教育资源。与此同时，中国抗战类博物（纪念）馆每年都会结合重要纪念日，举办各具特色的纪念活动。如每年的 7 月 7 日、8 月 13 日、8 月 15 日、9 月 3 日、9 月 18 日、12 月 13 日，中国人民抗日战争纪念馆、上海淞沪抗战纪念馆、“九 · 一八”历史博物馆、侵华日军南京大屠杀遇难同胞纪念馆等，均要举办纪念七七事变、八一三事变、日本战败投降日、中国抗战胜利日、九一八事变、南京沦陷及南京大屠杀遇难同胞祭祀日等一系列活动，南京、沈阳、长春、哈尔滨等城市还在活动中鸣放防空警报，并通过媒体广泛有力度地宣传，使爱国主义教育系列化、经常化、大众化。

实行宪法宣誓仪式。2015 年 7 月 1 日，第十二届全国人大常委会第十五次会议表决通过了《全国人民代表大会常务委员会关于实行宪法宣誓制度的决定》，明确了各级人民代表大会及县级以上各级人民代表大会常务委员会选举或者决定任命的国家工作人员，以及各级人民政府、人民法院、人民检察院任命的国家工作人员，在就职时应当公开进行宪法宣誓。这是落实十八届四中全会精神，彰显宪法权威，激励和教育国家工作人员忠于宪法、遵守宪法、维护宪法、加强宪法实施的一项重要措施。从国家层面建立宪法宣誓制度，对当前各地自觉自发进行的宣誓活动进行了统一和规范，确保了宪法宣誓的严肃性、权威性。统一简洁的七十字誓词，既凸显了宪法权威和宪法职责，又将宪法精神具体化为公务员职业价值和操守加以强调，迈出了宪法融入日常工作生活的一大步。仪式可以增强人内心的信仰和神圣感，宣誓正是向宣誓对象表达忠诚的最古老、最重要的仪式。在现代法治社会，宪法作为根本法的地位至高无上。宪法宣誓，已经成为事关依宪治国、依宪执政进程的重要制度。作为一种严肃的仪式，宪法宣誓将借助一些容易被人感知的外部形象，如固定的程式、肃穆的氛围、庄重的服饰、铿锵的誓词等，激发起人内心深沉的感情，从而产生对人的行为的道义约束。2014 年 12 月 4 日，首个国家宪法日，四十余名来自最高法和地方法院的模范法官面向宪法和国旗庄严宣誓。“我宣誓：忠于中华人民共和国宪法，维护宪法权威，履行法定职责，忠于祖国、忠于人民，恪尽职守、廉洁奉公，接受人民监督，为建设富强、民主、文明、和谐的社会主义国家努力奋斗！”

让烈士精神融入日常生活。在中国革命、建设、改革各个历史时期，涌现出无数为民族独立、人民解放和国家富强、人民幸福矢志奋斗、无私奉献、英勇牺牲的烈士，他们的功勋彪炳史册，他们的精神成为激励各族人民为实现中华民族伟大复兴而不懈奋斗的力量源泉。英烈文化，是中国人民的精神食粮，是民族精神的重要支柱，在建立、建设和发展新中国的进程中发挥了无可替代的历史作用。改革开放以来，一些地方片面注重经济发展，对烈士纪念工作重视不够，公众参与度不高，相关制度机制不完善，英烈文化的建设一度呈现滞后状态：一些年轻人不再将方志敏、黄继光等英烈当成自己心目中的英雄；烈士的故事在学校和报章中渐渐少了传诵；各地集中和零星的烈士纪念设施得不到应有的保护和修缮；部分烈士家属没有得到应有的优待。这些状况影响了烈士纪念工作的有效开展，降低了烈士纪念工作的公众参与程度，对于弘扬以爱国主义为核心的民族精神、建立社会主义核心价值体系是一种损失。2013 年 7 月，中共中央办公厅、国务院办公厅、中央军委办公厅联合下发《关于进一步加强烈士纪念工作的意见》，就大力弘扬烈士精神、广泛开展纪念烈士活动、坚持用烈士英雄事迹教育青少年、加强烈士纪念设施保护管理、完善烈属抚恤优待政策等事项进行了部署。在此之前，民政部已对全国的烈士纪念设施进行了摸底普查，并加强和改进对烈士纪念设施的管理和保护。同一年，经中央军委领导批准，原总政治部下发通知，部署实施“军队英模烈士子女成才培养工程”。重视英烈子女成才是国家精神建设工程的一次新努力，相关措施将满足官兵的精神需要和价值实现，有利于激励士气、张扬爱国主义和英雄主义，直接支撑官兵有效履行维护国家主权和领土完整的使命任务，对矫正社会价值观念也有积极作用。

（三）在形成绿色生活方式中培育和践行社会主义核心价值观

生活方式体现社会的文明程度，蕴含着人们对国家、社会、个人、自然等的价值认知和价值追求。2019 年 10 月印发的《新时代公民道德建设实施纲要》把积极践行绿色生活方式作为道德实践养成的重要途径。

绿色生活方式首先是一种拒绝奢侈和浪费的生活方式，节俭是绿色生活方式的第一要义。十八大以来，党和国家高度重视制止奢侈和浪费。习近平多次就节俭做出重要指示，要求大力弘扬中华民族勤俭节约的优秀传统，大力宣传节约光荣、浪费可耻的思想观念，努力使厉行节约、反对浪费在全社会蔚然成风，并且要加强立法，强化监管，采取有效措施，建立长效机制，坚决制止餐饮浪费行为。奢侈浪费是社会公害，它损耗社会财富，销蚀奋斗精神，滋生腐败，败坏党风政风民风，带坏了社会风气，严重影响了凝神聚力建设社会主义现代化强国。在党的作风建设中，无论是八项规定还是反对“四风”，都把厉行节约作为一项重要内容。在党的制度建设中，无论是《中国共产党廉洁自律准则》还是《中国共产党纪律处分条例》，都把尚俭戒奢作为一项重要条款。

俭以养德，通过对奢侈浪费的政策和制度制止，推动党风政风的转变，辅以在社会开展勤俭节约的宣传和教育引导，推动形成新的文明风尚。2014 年 5 月，中宣部和国家发改委发出开展节俭养德全民节约行动的通知，要求以实现中华民族伟大复兴中国梦为根本目标，紧紧围绕社会主义核心价值观的培育践行，深入进行节俭节约宣传教育，广泛开展多种形式的节俭节约实践活动,在全社会营造厉行节约、拒绝浪费的浓厚氛围。《通知》明确指出,节俭节约是中华民族的传统美德,是社会主义核心价值观的重要内容。开展节俭养德全民节约行动,对于推动生态文明建设,加快构建资源节约型、环境友好型社会,培育和践行社会主义核心价值观,在全社会凝聚起实现"两个一百年"奋斗目标的强大力量,具有重要的现实意义。《通知》之后,勤俭节约得到广泛宣传,餐饮行业的"最低消费"规定被取缔,"光盘行动"在全社会开展起来。

绿色生活方式还是一种主动追求人与自然和谐相处的生活方式。减少对自然资源的索取,减少对生态环境的破坏,追求具有生态道德的生活。进入新时代,我国围绕世界地球日、世界环境日、世界森林日、世界水日、世界海洋日和全国节能宣传周等,广泛开展多种形式的主题宣传实践活动,坚持人与自然和谐共生,引导人们树立尊重自然、顺应自然、保护自然的理念,树立"绿水青山就是金山银山"的理念,增强节约意识、环保意识和生态意识。大力推进垃圾分类,分类的目的是提高垃圾的资源价值和经济价值,力争物尽其用,减少垃圾处理量和处理设备,降低处理成本,减少土地资源的消耗。我国从国家层面开始推行垃圾分类制度,为垃圾分类制定了时间表。2017 年 3 月,发改委、住建部发布《生活垃圾分类制度实施方案》,要求在全国 46 个城市先行实施生活垃圾强制分类。2019 年 6 月,住建部、发改委、生态环境部等九部门联合印发《住房和城乡建设部等部门关于在全国地级及以上城市全面开展生活垃圾分类工作的通知》。《通知》提出,从 2019 年起,全国地级及以上城市全面启动生活垃圾分类工作。到 2020 年底,先行先试的 46 个重点城市,要基本建成垃圾分类处理系统;其他地级城市实现公共机构生活垃圾分类全覆盖。到 2022 年,各地级城市至少有 1 个区实现生活垃圾分类全覆盖。2025 年前,全国地级及以上城市要基本建成垃圾分类处理系统。2019 年 7 月 1 日起,《上海市生活垃圾管理条例》正式实施,上海开始普遍推行强制垃圾分类。垃圾分类正式进入居民生活,引发媒体和人民的广泛关注,"垃圾分类"一词甚至入选"2019 年中国媒体十大流行语"。

绿色生活方式还是一种整洁美丽人居环境中的生活方式。随着人们生活水平的提高,居住环境的整洁美丽也成为人们的一种生活需求。居住环境整洁美丽,促使人精神愉悦,生活更有幸福感。在幸福生活中人更容易感知感悟社会主义核心价值观的内在魅力,进而积极践行社会主义核心价值观。十八大以来,结合全国文明城市和全国卫生城市评选工作,在城市积极推进小区环境治理,在农村大力推行美丽乡村建设。2014年,国务院印发《关于改善农村人居环境的指导意见》。2017年,党的十九大报告提出,开展农村人居环境整治行动。2018年,生态环境部印发《农村人居环境整治三年行动方案》。

(四)在广泛开展志愿活动中践行社会主义核心价值观

志愿服务是人们奉献爱心、服务社会的重要方式,体现了人们对高尚精神境界的追求,在“赠人玫瑰、手有余香”中实现自我价值和人生意义。进入新时代,我国志愿服务呈现出蓬勃兴盛的发展态势,志愿者队伍越来越壮大,参与领域越来越广泛,志愿组织越来越系统,志愿制度越来越完善。志愿者队伍越来越壮大,从青年志愿者、巾帼志愿者到文艺志愿者、医疗志愿者、环保志愿者、科技志愿者等,志愿者的年龄层次更加丰富,人员构成更加多元。据不完全统计,全国实名注册志愿者人数超过1.6亿人。参与领域越来越广泛,志愿服务领域拓展到扶弱助残、文化文艺、教育科技、卫生环保、法治宣传等各领域。服务大局越来越有力,广大志愿者面向改革发展主战场,在传播党的声音、服务国家战略、参与大型赛会、抗击重大灾害等方面发挥了重要作用。志愿服务已经渗透到我国经济、社会、文化、生态文明建设的方方面面,在决胜全面建成小康社会中发挥着越来越重要的作用,已经成为新时代推进社会主义现代化建设、提升社会文明程度不可忽视的新兴力量。志愿服务体系越来越健全。2013年12月,中国志愿服务联合会正式成立。2016年7月,中央宣传部、中央文明办、民政部等八部门印发《关于支持和发展志愿服务组织的意见》。2017年,国务院颁布的《志愿服务条例》规定,国家和地方精神文明建设指导机构建立志愿服务工作协调机制。2019年,中共十九届四中全会强调,健全志愿服务体系。2020年,建立全国志愿服务工作协调小组。

我国志愿服务把培育和践行社会主义核心价值观贯穿全过程。我国志愿服务是社会主义国家的志愿服务,是党领导下的群众性道德实践活动,以奉献、友爱、互助、进步为精神内核,以促进人的自由全面发展为根本依归,反映了社会主义社会的新型人际关系。因此,志愿服务具有鲜明的价值导向,把培育和践行社会主义核心价值观贯穿全过程,传承了中华优秀传统文化蕴含的厚德仁爱、乐善好施、助人为乐、扶危济困等思想理念和道德精髓,弘扬了革命文化和社会主义先进文化蕴含的服务人民、团结互助、无私奉献等崇高追求。我国志愿服务还有一个优良传统,就是自觉服务党和国家工作大局,与实现“两个一百年”奋斗目标、建设社会主义现代化国家同向同行,成为凝聚实现中国梦强大力量的重要纽带。

在新时代文明实践中心高扬志愿服务精神。建设新时代文明实践中心,是党中央从战略和全局的高度做出的重大决策,是打通宣传群众、教育群众、服务群众“最后一公里”的重大举措。2018 年,中共中央办公厅印发的《关于建设新时代文明实践中心试点工作的指导意见》指出,文明实践中心的主体力量是志愿者,主要活动方式是志愿服务。志愿服务工作要把助力新时代文明实践中心建设作为重要任务,围绕学习科学理论、宣讲党的政策、培育主流价值、活跃文化生活、深入移风易俗来开展,精准对接群众需求,切实解决实际问题。

七、用制度保障社会主义核心价值观的培育和践行

价值观是制度的灵魂,制度是价值观的重要载体。制度建设具有根本性、全局性、稳定性和长期性,在新时代培育和践行社会主义核心价值观过程中具有至关重要的地位和作用。社会主义核心价值观的培育和践行与制度建设是相辅相成、内在统一的。在中国特色社会主义建设实践中,我们一方面要通过培育和践行社会主义核心价值观,增强广大人民群众对社会主义理想、制度的信心、认同和热爱;另一方面,又必须通过全面深化改革、完善社会主义制度,深化广大人民群众对社会主义核心价值观的理解、接受和认同。十八大以来,我们党在治国理政中坚持德法相济、协同发力,高度重视发挥法律政策在社会主义核心价值观建设中的促进作用,专门制定了社会主义推动

核心价值观融入法治建设的指导性文件和立法修法规划,推动出台一系列有利于培育和践行社会主义核心价值观的法律法规、规章制度和公共政策,在实践中取得了很好的效果。

(一)全面深化改革加强公平正义制度建设

改革开放是决定中国命运的关键一招,也是决定实现"两个一百年"奋斗目标、实现中华民族伟大复兴的关键一招。进入新时代,面对新形势新任务,党中央提出推进全面深化改革,十八届三中全会通过了《中共中央关于全面深化改革若干重大问题的决定》。全面深化改革,以完善和发展中国特色社会主义制度、推进国家治理体系和治理能力现代化为总目标,以促进社会公平正义、增进人民福祉为出发点和落脚点。公平正义是中国特色社会主义的内在要求,如果失去了公平正义,就失去了社会主义性质。公正也是社会主义核心价值观的重要内容。无论处在什么发展水平上,制度都是社会公平正义的重要保证。全面深化改革,就是要通过创新制度安排,努力克服人为因素造成的有违公平正义的现象,保证人民平等参与、平等发展的权利。要把促进社会公平正义、增进人民福祉作为一面镜子,审视我们各方面体制机制和政策规定,对由于制度安排不健全造成的有违公平正义的问题要抓紧解决,使我们的制度安排更好地体现社会主义公平正义原则,更加有利于实现好、维护好、发展好最广大人民的根本利益。

十八届三中全会的精神要义就在于,坚定不移通过改革谋求发展,一以贯之通过全面深化改革谋求更大发展,不断促进和实现社会的公平正义和广大人民群众的福祉。十八届三中全会通过的《中共中央关于全面深化改革若干重大问题的决定》也为新时代培育和践行社会主义核心价值观提供了政策保障和指南。紧紧围绕市场在资源配置中起决定性作用来深化经济体制改革,坚持和完善基本经济制度,加快完善现代市场体系、宏观调控体系、开放型经济体系,加快转变经济发展方式,加快实施创新驱动战略,推动经济更有效率、更加公平、更可持续发展。紧紧围绕坚持党的领导、人民当家作主、依法治国有机统一深化政治体制改革,加快推进社会主义民主政治制度化、规范化、程序化,建设社会主义法治国家,发展更加广泛、更加充分、更加健全的人民民主。紧紧围绕更好保障和改善民生、促进社会公平正义深化社会体制改革,改革收入分配制度,促进共同富裕,推进社会领域制度创新,推进基本公共服务均等化,加快形成科学有效的社会治理体制,确保社会既充满活力又和谐有序。文化发展成就、生态文明建设成就等对促进社会公平正义、增进人民福祉也十分重要,推进这方面的建设,不断取得新的更大成就。对外开放是社会主义的重要特征。在新的历史起点上,创新开放机制,进一步推动中国企业走出去,实现中国发展的全球布局。开放对公正问题有深远的影响。很多不公正现象往往是在封闭环境中形成和固化的,开放意味着机遇,某种程度上还意味着机会平等。创新开放机制、提升开放水平,有助于打破国内有形无形的市场壁垒,建设真正统一的国内大市场,有助于打破区域间、城乡间、行业间的不平衡,提升社会公正水平。

(二)全面依法治国筑牢公平正义防线

社会主义核心价值观与依法治国存在非常紧密的内在联系。社会主义核心价值观为依法治国提供价值引导,依法治国则是社会主义核心价值观的法治保障,两者相辅相成、相得益彰。2014 年 10 月召开的中共十八届四中全会通过了《中共中央关于全面推进依法治国若干重大问题的决定》,这是中国共产党历史上首次以全会的形式专题研究部署全面推进依法治国这一基本治国方略。《决定》明确了全面依法治国的重大任务,每一项重大任务都体现了培育和践行社会主义核心价值观。恪守以民为本、立法为民理念,贯彻社会主义核心价值观,使每一项立法都符合宪法精神、反映人民意志、得到人民拥护。把公正、公平、公开原则贯穿立法全过程,完善立法体制机制。加快建设职能科学、权责法定、执法严明、公开公正、廉洁高效、守法诚信的法治政府,严格规范公正文明执法。完善司法管理体制和司法权力运行机制,规范司法行为,加强对司法活动的监督,努力让人民群众在每一个司法案件中感受到公平正义。弘扬社会主义法治精神,建设社会主义法治文化,增强全社会厉行法治的积极性和主动性,形成守法光荣、违法可耻的社会氛围,使全体人民都成为社会主义法治的忠实崇尚者、自觉遵守者、坚定捍卫者。大力提高法治工作队伍的思想政治素质、业务工作能力、职业道德水准,着力建设一支忠于党、忠于国家、忠于人民、忠于法律的社会主义法治工作队伍。

在全面依法治国各环节中,司法是维护社会公平正义的最后一道防线。司法公正引领社会公正。从2014年开始,我国司法体制改革全面推进,从北京到广东,从城市到乡村,司法体制改革以前所未有的力度、广度和深度蓬勃展开、深入推进,向着建设公正、高效、权威司法制度的宏伟目标扎实迈进,为加快建设社会主义法治国家奠定了坚实的基础。一批关乎法治建设全局的改革方案相继出台:《关于贯彻落实党的十八届四中全会决定进一步深化司法体制和社会体制改革的实施方案》为司法改革制定了时间表和路线图。《关于领导干部干预司法活动、插手具体案件处理的记录、通报和责任追究规定》竖起防止干预司法的"防火墙"。《关于人民法院推行立案登记制改革的意见》切实解决人民群众反映强烈的"立案难"问题,保障当事人诉权。《检察机关提起公益诉讼改革试点方案》提出充分发挥检察机关法律监督职能作用,促进依法行政、严格执法,维护社会公平正义,维护国家和社会公共利益。《关于完善法律援助制度的意见》围绕人民群众的实际需要,积极提供优质高效的法律援助服务,努力让人民群众在每一个案件中都感受到公平正义。《人民陪审员制度改革试点方案》《深化人民监督员制度改革方案》推进司法民主,促进司法公正。《关于完善国家统一法律职业资格制度的意见》《关于招录人民法院法官助理、人民检察院检察官助理的意见》《关于进一步规范司法人员与当事人、律师、特殊关系人、中介组织接触交往行为的若干规定》等一系列改革方案的出台,直面司法体制改革的重点难点问题,构筑起维护公平正义的强大防线,让公平正义如阳光普照。

(三)彰显法律法规的社会主义核心价值观导向

社会主义核心价值观是全国各族人民在价值观念上的"最大公约数",是社会主义法治建设的灵魂。法律法规体现鲜明的价值导向,直接影响人们对社会主义核心价值观的认知认同和自觉践行。把社会主义核心价值观要求融入法律规范、贯穿法治实践,法律才能契合全体人民的道德意愿,符合社会公序良俗,才能真正为人们所信仰、所遵守,实现良法善治。十八大以来,我国为社会主义核心价值观融入法治建设搭梁架柱,不仅提出了指导意见,而且制定了立法修法规划。

2016年12月,中共中央办公厅、国务院办公厅印发了《关于进一步把社会主义核心价值观融入法治建设的指导意见》。《意见》提出大力培育和践行社会主义核心价值观,运用法律法规和公共政策向社会传导正确价值取向,把社会主义核心价值观融入法治建设,既为社会主义法治建设树立了核心价值观的灵魂,又实现了核心价值观由"软性要求"向"硬性规范"的转变。《意见》提出了社会主义核心价值观融入法治建设的具体要求。推动社会主义核心价值观入法入规。法律法规体现鲜明价值导向,社会主义法律法规直接影响人们对社会主义核心价值观的认知认同和自觉践行。要坚持以社会主义核心价值观为引领,恪守以民为本、立法为民理念,把社会主义核心价值观的要求体现到宪法法律、法规规章和公共政策之中,转化为具有刚性约束力的法律规定。强化社会治理的价值导向。推动社会主义核心价值观建设既要靠良法,又要靠善治。社会治理要承担起倡导社会主义核心价值观的责任,注重在日常管理中体现鲜明的价值导向,使符合社会主义核心价值观的行为得到倡导和鼓励,使违背社会主义核心价值观的行为受到制约和惩处。用司法公正引领社会公正。司法是维护社会公平正义的最后一道防线,司法公正对社会公正具有重要的引领作用。要全面深化司法体制改革,加快建立健全公正高效权威的社会主义司法制度,确保审判机关、检察机关依法独立公正行使审判权、检察权,提供优质高效的司法服务和保障,努力让人民群众在每一个司法案件中都感受到公平正义,推动社会主义核心价值观落地生根。弘扬社会主义法治精神。根植于全民心中的法治精神,是社会主义核心价值观建设的基本内容和重要基础。要坚持法治宣传教育与法治实践相结合,建设社会主义法治文化,推动全社会树立法治意识、增强法治观念,形成守法光荣、违法可耻的社会氛围,使全体人民都成为社会主义法治的忠实崇尚者、社会主义核心价值观的自觉践行者。加强组织领导。各级党委要高度重视把社会主义核心价值观融入法治建设工作,加强组织领导,加大工作力度。人大、政府、政协、审判机关、检察机关要认真履职尽责,各领域各部门要充分发挥各自优势,积极主动开展工作。党委宣传部和政法委要加强工作指导,统筹各方力量、协调各方职能,形成齐抓共管的工作合力,为社会主义核心价值观建设创造良好的法治环境。

2018年5月,中共中央印发了《社会主义核心价值观融入法治建设立法修法规划》。《规划》强调,要以习近平新时代中国特色社会主义思想为指导,坚持全面依法治国,坚持社会主义核心价值体系,着力把社会主义核心价值观融入法律法规的立改废释全过程,确保各项立法导向更加鲜明,要求更加明确,措施更加有力,力争经过五到十年时间,推动社会主义核心价值观全面融入中国特色社会主义法律体系,筑牢全国各族人民团结奋斗的共同思想道德基础,为决胜全面建成小康社会、夺取新时代中国特色社会主义伟大胜利、实现中华民族伟大复兴的中国梦、实现人民对美好生活的向往,提供坚实的制度保障。《规划》指出,推动社会主义核心价值观入法入规,必须遵循的原则是:坚持党的领导,坚持价值引领,坚持立法为民,坚持问题导向,坚持统筹推进。《规划》明确了六个方面的主要任务。一是以保护产权、维护契约、统一市场、平等交换、公平竞争等为基本导向,完善社会主义市场经济法律制度。健全以公平为核心原则的产权保护制度,推进产权保护法治化。加快推进民法典各分编的编纂工作,用社会主义核心价值观塑造民法典的精神灵魂,推动民事主体自觉践行社会主义核心价值观。二是坚持和巩固人民主体地位,推进社会主义民主政治法治化。充分发挥宪法在中国特色社会主义法律体系中的统帅作用,在宪法中体现社会主义核心价值观要求。把社会主义核心价值观融入立法体制,从源头上确保鲜明的价值导向。全面推进以司法责任制为核心的司法体制改革,完善司法管理体制和司法权力运行机制,努力让人民群众在每一个司法案件中感受到公平正义。三是发挥先进文化育人、化人的作用,建立健全文化法律制度。完善公共文化服务和文化产业法律体系,建立健全有利于中华优秀传统文化传承发展的法律制度,完善互联网信息领域立法。四是着眼人民最关心最直接最现实的利益问题,加快完善民生法律制度。以保障和改善民生为重点,健全社会建设方面的法律制度,推动基本公共服务标准化、均等化、法定化。制定基本医疗卫生方面的法律,建立公平、可及、高效的基本医疗卫生服务体系。完善社会组织立法,积极规范和引导各类社会组织健康发展。五是促进人与自然和谐发展,建立严格严密的生态文明法律制度。加快建立绿色生产和消费的法律制度,把生态文明建设纳入制度化、法治化轨道。制定完善粮食安全等方面的法律法规，推动厉行勤俭节约，倡导珍惜粮食、节俭消费理念。六是加强道德领域突出问题专项立法，把一些基本道德要求及时上升为法律规范。制定英雄烈士保护方面的法律，形成崇尚、捍卫、学习、关爱英雄烈士的良好社会风尚。探索完善社会信用体系相关法律制度，研究制定信用方面的法律，健全守法诚信褒奖机制和违法失信行为联合惩戒机制。探索制定公民文明行为促进方面法律制度，引导和推动全民树立文明观念，推进移风易俗，倡导文明新风。《规划》强调，推动社会主义核心价值观入法入规是一项艰巨繁重的任务，要采取有效措施，认真组织实施，使法律法规更好地体现国家的价值目标、社会的价值取向、公民的价值准则。

(四)推动社会主义核心价值观入法入规

十八大以来，社会主义核心价值观已经在新修订的法律法规中鲜明体现。

宪法是我国的根本法，是我国法律体系的核心和基础，在一国法律体系中具有最鲜明、最权威的引领、规范和教育、保障作用。用法律来推动社会主义核心价值观建设，首要的是将其融入宪法。第十三届全国人大第一次会议通过了宪法修正案，增写了国家倡导社会主义核心价值观的内容。在宪法中确认一国的核心价值和根本信条，是各国的普遍做法。确立社会主义核心价值观的宪法地位，是这次宪法修改的重要内容。社会主义核心价值观是当代中国精神的集中体现，凝结着全体人民共同的价值追求。宪法做这样的修改，贯彻了党的十九大精神，有利于在全社会树立和践行社会主义核心价值观，巩固全国各族人民团结奋斗的共同思想道德基础。法治也是社会主义核心价值观的内容，通过设立宪法日，弘扬宪法精神，培育法治信仰，也是十八大以来的重大制度创新。2014 年 11 月，第十二届全国人大常委会第十一次会议审议通过了关于设立国家宪法日的决定，明确将每年 12 月 4 日设立为国家宪法日。宪法日的设立，以纪念日的方式表达了宪法的根本性意义，为法治信仰增添了庄重的仪式感，将有助于弘扬法治精神和形成全民守法的氛围。

民法是与老百姓联系最为密切的法律，每个人的衣食住行、生老病死，都要受到民法的调整。民法主要调整人身关系和财产关系，一般不涉及人的价值观念，把一个社会的主流价值观写入法律，引领人们的价值取向，在世界范围内是独特的。这是因为我国不仅要富强，更要文明。在民法中体现社会主义核心价值观的要求，使人们在工作生活实践中受到核心价值观的熏陶，比简单的宣传教育影响更为深刻。2020 年 5 月，第十三届全国人大第三次会议表决通过《中华人民共和国民法典》，宣告中国迈入“民法典时代”。这是新中国历史上首个以“法典”命名的法律。弘扬社会主义核心价值观是《民法典》的立法目的之一。在《民法典》第一条明确了立法目的：“为了保护民事主体的合法权益，调整民事关系，维护社会和经济秩序，适应中国特色社会主义发展要求，弘扬社会主义核心价值观，根据宪法，制定本法。”《民法典》直接规定了社会主义核心价值观的 6 个关键词。社会主义核心价值观基本内容概括为 12 个关键词，其中，《民法典》条文中直接规定了 6 个关键词，包括民主、文明、自由、平等、公正、诚信。《民法典》坚持民主立法原则，是公民民事权利的保障法，回应了广大人民群众的民主诉求。如第 93 条在具体规定捐助法人的章程及组织机构时，明确规定了“民主管理组织”，直接出现了“民主”的关键词。关于文明，《民法典》规定了生态文明和家庭文明建设。关于自由，《民法典》出现“自由”一词的条文有 8 条。关于平等，《民法典》出现“平等”一词的条文有 10 条。关于公正，进一步完善我国民商事领域基本法律制度和行为规则。关于诚信，《民法典》出现“诚信”一词的条文有 5 条。另外 6 个关键词也包含在《民法典》的立法精神中，即富强、和谐、法治、爱国、敬业、友善。

用法律制度高扬爱国主义精神。2014 年 2 月，第十二届全国人大常委会第七次会议 25 日下午审议全国人大常委会关于确定中国人民抗日战争胜利纪念日的决定草案和全国人大常委会关于设立南京大屠杀死难者国家公祭日的决定草案。以立法的形式确定中国人民抗日战争胜利纪念日，有利于弘扬以爱国主义为核心的伟大民族精神，激励全国各族人民为实现中华民族伟大复兴的中国梦而共同奋斗。设立南京大屠杀死难者国家公祭日，在国家层面举行公祭活动和相关纪念活动，表明中国人民反对侵略战争、捍卫人类尊严、维护世界和平的坚定立场。2014 年 4 月，民政部正式公布《烈士公祭办法》，首次对烈士祭祀活动予以规范。《办法》明确了公祭活动的主体、时间、场所、参加人员以及具体程序等，并提出在清明节、国庆节或重要纪念日期间，应当举行烈士公祭活动。国家和政府为主导，举办烈士公祭活动，是对奉献和牺牲崇高精神力量的弘扬和纪念，能够在社会上产生最广泛的爱国主义情感共鸣。2015 年 12 月 14 日，中共中央政治局会议审议通过了《关于建立健全党和国家功勋荣誉表彰制度的意见》，决定成立党和国家功勋荣誉表彰工作委员会，负责党和国家功勋荣誉表彰工作的统筹协调、政策制定和督促落实，牵头组织有关功勋荣誉表彰的评选、颁授和典礼等工作。2015 年 12 月 27 日，第十二届全国人大常委会第十八次会议表决通过了《中华人民共和国国家勋章和国家荣誉称号法》。建立健全党和国家功勋荣誉表彰制度，是完善和发展中国特色社会主义制度、推进国家治理体系和治理能力现代化的必然要求，是培育和弘扬社会主义核心价值观、增强中国特色社会主义事业凝聚力和感召力的重要手段。2017 年 9 月 1 日，《中华人民共和国国歌法》获第十二届全国人大常委会第二十九次会议表决通过。通过国家立法对国歌的奏唱场合、奏唱礼仪和宣传教育进行规范，维护国歌的尊严，增强公民的国家观念，弘扬爱国主义精神，培育和践行社会主义核心价值观。2020 年 10 月 17 日，第十三届全国人民代表大会常务委员会第二十二次会议通过了《关于修改〈中华人民共和国国旗法〉的决定》和《关于修改〈中华人民共和国国徽法〉的决定》，新法律自 2021 年 1 月 1 日起施行。《中华人民共和国国旗法》第一条修改为“为了维护国旗的尊严，规范国旗的使用，增强公民的国家观念，弘扬爱国主义精神，培育和践行社会主义核心价值观，根据宪法，制定本法”。

（五）以社会主义核心价值观引领文化制度建设

中共十九届四中全会审议通过的《中共中央关于坚持和完善中国特色社会主义制度、推进国家治理体系和治理能力现代化若干重大问题的决定》，着眼于更好地保障和推动社会主义先进文化的繁荣发展、不断巩固全体人民团结奋斗的共同思想基础，创造性提出“坚持以社会主义核心价值观引领文化建设制度”，并做出战略部署，提出一系列重大举措。核心价值观是文化最深层的内核，决定着文化的性质和方向，体现着一个国家、一个民族的文化理想和精神高度。任何一种文化要立起来、强起来，从根本上说，取决于凝结和贯穿其中的核心价值观的生命力、引领力。以社会主义核心价值观引领文化建设制度,要推动理想信念教育常态化、制度化,完善弘扬社会主义核心价值观的法律政策体系,推进中华优秀传统文化传承发展工程,健全志愿服务体系,完善诚信建设长效机制。

十八大以来,文化各领域的制度建设有序推进,尤其是诚信长效机制建设取得明显进展和成效。2014 年 6 月 14 日,国务院印发《社会信用体系建设规划纲要(2014—2020 年)》,部署加快建设社会信用体系,构筑诚实守信的经济社会环境。这是我国第一部国家级的社会信用体系建设专项规划。《纲要》强调,社会信用体系建设要按照“政府推动,社会共建;健全法制,规范发展;统筹规划,分步实施;重点突破,强化应用”的原则有序推进。到 2020 年,实现信用基础性法律法规和标准体系基本建立,以信用信息资源共享为基础的覆盖全社会的征信系统基本建成,信用监管体制基本健全,信用服务市场体系比较完善,守信激励和失信惩戒机制全面发挥作用。《纲要》明确了与人民群众切身利益和经济社会健康发展密切相关的 34 个方面的具体任务,并提出了三大基础性措施。一是加强诚信教育与诚信文化建设,弘扬诚信文化、树立诚信典型、开展诚信主题活动和重点行业领域诚信问题专项治理,在全社会形成“诚信光荣、失信可耻”的良好风尚。二是加快推进信用信息系统建设和应用,建立自然人、法人和其他组织统一社会信用代码制度,推进行业间信用信息互联互通和地区内信用信息整合应用,形成全国范围内的信用信息交换共享机制。三是完善以奖惩制度为重点的社会信用体系运行机制,健全守信激励和失信惩戒机制,对守信主体实行优先办理、简化程序、“绿色通道”等激励政策,对失信主体采取行政监管性、市场性、行业性、社会性约束和惩戒,建立健全信用法律法规和标准体系,培育和规范信用服务市场,保护信用信息主体权益,强化信用信息安全管理。

为深入贯彻党的十八大、十八届三中全会精神和习近平系列重要讲话精神,落实国务院印发的《社会信用体系建设规划纲要(2014—2020 年)》,大力培育和践行社会主义核心价值观,切实形成诚信建设良好的社会舆论环境,着力推进诚信建设规范化长效化,2014 年 8 月,中央精神文明建设指导委员会提出《关于推进诚信建设制度化的意见》。《意见》强调,加强诚信制度化建设,对于完善社会主义市场经济体制,培育和践行社会主义核心价值观,推进国家治理体系和治理能力现代化，提升国家软实力和整体竞争力，具有十分重要的意义。《意见》指出，要加快征信系统建设，建立信息共享机制，建立起全覆盖的社会信用信息记录。大力营造诚信建设有力宣传舆论声势，培育诚信理念，宣传先进典型，鞭挞失信行为，弘扬诚信文化。切实增强诚信教育实践、针对性、实效性，突出企业主体诚信教育，抓好公共服务人员诚信教育，纳入学校教育，广泛开展诚信主题实践活动。建立健全激励诚信、惩戒失信长效机制，形成褒扬诚信的政策导向，开展突出问题专项整治，建立诚信发布制度，完善诚信监督体系。有力营造诚信建设法治环境，坚持严格执法，深化普法教育，健全法规制度。

为落实《纲要》和《意见》，根据国务院部署，2015 年，国家发展改革委、中央编办、民政部、财政部等部门联合制定印发了《法人和其他组织统一社会信用代码制度建设总体方案》，推动建立全国统一的社会信用代码制度。2018 年 6 月，统一社会信用代码基本实现全覆盖，守信联合激励和失信联合惩戒机制初步显威。2015 年底，由国家发展改革委牵头建设、国家信息中心承建的全国信用信息共享平台初步建成并上线运行。至 2018 年，全国信用信息共享平台已与所有接入部门和地方平台实现了核心数据机制化共享，每周定时向各部门和地方推送行政许可和行政处罚、各类红黑名单、企业经营异常名录等信息。全国信用信息共享平台的建设和推广，能够促进各类社会主体的信用状况公开透明、可查可核，实现多部门、跨地域、跨领域信息共享、信用联评、守信联奖、失信联惩的共享机制，使守信者一路绿灯、失信者处处受限，有利于建立以信用为核心的新型监管和社会治理方式，推动社会信用体系建设向纵深发展。

主要参考文献

《马克思恩格斯选集》第一卷,人民出版社 2012 年版。

《马克思恩格斯选集》第二卷,人民出版社 2012 年版。

《马克思恩格斯选集》第三卷,人民出版社 2012 年版。

《马克思恩格斯选集》第四卷,人民出版社 2012 年版。

《列宁专题文集　论社会主义》,人民出版社 2009 年版。

《列宁专题文集　论马克思主义》,人民出版社 2009 年版。

《毛泽东选集》,人民出版社 1991 年版。

《毛泽东著作选读》下,人民出版社 1986 年版。

《邓小平文选》第一卷,人民出版社 1994 年版。

《邓小平文选》第二卷,人民出版社 1994 年版。

《邓小平文选》第三卷,人民出版社 1993 年版。

《邓小平年谱》,中央文献出版社 2004 年版。

《习近平谈治国理政》第一卷,外文出版社 2018 年版。

《习近平谈治国理政》第二卷,外文出版社 2017 年版。

《习近平谈治国理政》第三卷,外文出版社 2020 年版。

《习近平关于实现中华民族伟大复兴的中国梦论述摘编》,中央文献出版社 2013 年版。

《习近平关于社会主义政治建设论述摘编》,中央文献出版社 2017 年版。

《习近平关于全面深化改革论述摘编》,中央文献出版社 2014 年版。

《习近平关于党的群众路线教育实践活动论述摘编》,中央文献出版社 2014 年版。

《习近平关于社会主义生态文明建设论述摘编》,中央文献出版社 2017 年版。

《习近平关于社会主义文化建设论述摘编》,中央文献出版社 2017 年版。

《习近平关于统筹疫情防控和经济社会发展重要论述选编》,中央文献出版社 2020 年版。

习近平:《之江新语》,浙江人民出版社 2007 年版。

习近平:《干在实处　走在前列》,中共中央党校出版社 2006 年版。

习近平:《摆脱贫困》,福建人民出版社 2014 年版。

《江泽民文选》,人民出版社 2006 年版。

江泽民:《全面建设小康社会,开创中国特色社会主义事业新局面——在中国共产党第十六次全国代表大会上的讲话》,人民出版社 2002 年版。

胡锦涛:《高举中国特色社会主义伟大旗帜　为夺取全面建设小康社会新胜利而奋斗——在中国共产党第十七次全国代表大会上的报告》,人民出版社 2007 年版。

胡锦涛:《坚定不移沿着中国特色社会主义道路前进　为全面建成小康社会而奋斗——在中国共产党第十八次全国代表大会上的讲话》,人民出版社 2012 年版。

胡锦涛:《在纪念党的十一届三中全会召开 30 周年大会上的讲话》,人民出版社 2008 年版。

《建国以来重要文献选编》第十九册,中央文献出版社 2011 年版。

《三中全会以来重要文献选编》,中央文献出版社 2011 年版。

《十二大以来重要文献选编》,中央文献出版社 2011 年版。

《十三大以来重要文献选编》,中央文献出版社 2011 年版。

《改革开放三十年重要文献选编》(上),中央文献出版社 2008 年版。

《改革开放以来历届三中全会文件汇编》,人民出版社 2013 年版。

《中共十三届四中全会以来历次全国代表大会中央全会重要文献选编》(下),中央文献出版社 2002 年版。

《十四大以来重要文献选编》,中央文献出版社 2011 年版。

《中国共产党第十五次全国代表大会文件汇编》,人民出版社 1997 年版。

《十五大以来重要文献选编》,中央文献出版社 2011 年版。

《中国共产党第十六次全国代表大会文件汇编》,人民出版社 2002 年版。

《十六大以来重要文献选编》(上),中央文献出版社2011年版。

《十六大以来重要文献选编》(中),中央文献出版社2006年版。

《十六大以来重要文献选编》(下),中央文献出版社2011年版。

《十六大以来重要文献选编》(下),中央文献出版社2008年版。

《中国共产党第十七次全国代表大会文件汇编》,人民出版社2007年版。

《十七大以来重要文献选编》(上),中央文献出版社2009年版。

《十八大以来重要文献选编》(上),中央文献出版社2014年版。

《十八大以来重要文献选编》(中),中央文献出版社2016年版。

《十九大以来重要文献选编》(上),中央编译出版社2019年版。

《中国共产党第十九次全国代表大会文件汇编》,人民出版社2017年版。

《中共中央关于深化文化体制改革推动社会主义文化大发展大繁荣若干重大问题的决定》,人民出版社2011年版。

《中共中央关于全面深化改革若干重大问题的决定》,人民出版社2013年版。

《中共中央关于全面推进依法治国若干重大问题的决定》,人民出版社2014年版。

《中国共产党第十八届中央委员会第三次全体会议文件汇编》,人民出版社2013年版。

杨耕、吴向东主编:《社会主义核心价值观理论与方法》,四川人民出版社2017年版。

张景荣主编:《社会主义核心价值观研究综述》,社会科学文献出版社2017年版。

《社会主义核心价值观研究丛书》,江苏人民出版社2015年版。

徐伟新等著:《社会主义核心价值观研究》,中共中央党校出版社2016年版。

程伟礼、杨晓伟:《中国特色社会主义核心价值观的历史形成》,复旦大学出版社2012年版。

吴潜涛、艾四林主编:《社会主义核心价值观研究前沿问题聚焦》,人民出版社2017年版。

张学森:《核心价值观的历史演进与当代构建》,人民出版社 2014 年版。

吴潜涛:《社会主义荣辱观研究》,中国人民大学出版社 2014 年版。

戴木才:《中国共产党培育和践行社会主义核心价值观的发展历程》,《桂海论丛》2013 年第 5 期。

高地:《中国共产党社会主义核心价值观教育的历程、规律与经验》,《思想教育研究》2011 年第 8 期。

齐卫平:《社会主义核心价值体系思想形成的历史脉络》,《上海党史与党建》2010 年第 12 期。

沈壮海、段立国:《习近平社会主义核心价值观战略思想研究》,《东岳论丛》2017 年第 6 期。

佘双好:《构筑国家和民族发展的精神支柱——学习习近平关于培育和践行社会主义核心价值观的论述》,《社会主义核心价值观研究》2017 年第 1 期。

石海兵、王苗:《习近平关于培育和践行社会主义核心价值观的思想图景》,《学校党建与思想教育》2017 年第 9 期。